Es floss so flink aus meiner Feder

Ein Lyrikband mit
Gedichten von Andrea Rohn

Fotos: Pixabay

Inhaltsverzeichnis

Jahreszeitengedichte 7
Frühlingsgedichte 11
Sommergedichte 17
Herbstgedichte 21
Wintergedichte 35
Weihnachtsgedichte 41
Tiergedichte 57
Pflanzen- und Naturgedichte 77
Gedichte für Geist und Seele 93
Gedichte auf bekannte Melodien 139
Was im Leben so geschieht 147
Unsinngedichte 191
Besondere Gedichtformen 203
Dank 220
Über die Autorin 221
Bereits erschienene Bücher 222
Bücher in Vorbereitung 224

Jahreszeitengedichte

Kinder der Jahre

Es gibt da eine Kinderschar,
die kennt bei uns wohl jeder.
Sie wechselt ab sich Jahr für Jahr,
springt jetzt aus meiner Feder.

Eins trägt ein Kleid aus frischem Grün,
will nicht mit Farben geizen,
lässt Bäume und auch Blumen blühn,
spielt gern mit seinen Reizen.

Die Schwester ist ein Sonnenkind,
das Hitze liebt und Lachen;
nimmt ein das Land mit heißem Wind,
will Freude uns nur machen.

Das dritte Kind ist ein Talent
mit Pinseln und mit Farben;
spielt gern des Windes Dirigent
und lässt uns niemals darben.

Sein Bruder ist ein harter Wicht,
der Kälte mag und Eis;
beschert uns meistens Dämmerlicht
und macht die Welt ganz weiß.

Rück- und Ausblick

Ein Jahr neigt sich dem Ende zu.
Es brachte Freud' und Sorgen.
Ein neues schon beginnt im Nu.
Was bringt uns dieses „Morgen"?

Die Uhr hat sich gar sehr beeilt,
hielt Hass bereit und Liebe.
Bei manchem hätt' man gern verweilt,
bei and'rem war's „Getriebe".

Im neuen Jahr, so hoffen wir,
wird alles besser werden.
So wünsche ich Ihnen und auch dir
'nen Weg ohne Beschwerden!

Schon Juli …

Ein Jahr erscheint noch lang zu sein,
ist Neujahr erst gewesen.
Schau' ich in den Kalender rein,
gibt's dort nicht viel zu lesen.

Termine sammeln langsam sich,
füll'n stetig uns're Wochen.
Sind sie auch meist erforderlich,
woll'n sie uns unterjochen.

So rasen Tage schnell vorbei.
Die Wochen bald schon laufen.
Ein Monat geht, dann sind's schon zwei.
Beim Vierteljahr wir schnaufen.

Bald folgt dem März schon der April.
Der Mai will auch nicht warten.
Selbst Juni schleicht sich an gar still,
beginnt schon durchzustarten.

Das Jahr schon halb vorüber ist;
der Juli hat begonnen.
Ich hab' die Stunden ganz vermisst.
Die Tage sind zerronnen.

Frühlingsgedichte

Der Frühling

Wenn früh im Jahr die Primel blüht,
die Amsel singt ihr Hochzeitslied;
Narzissen, Tulpen, Märzenbecher
werden gar zu Winterbrecher`;
dann tritt in farbigem Gewand
der Frühling ein in unser Land!

Frühling

„Frühling!", summt der Bienenchor.
„Frühling!", flüstert's mir ins Ohr.
„Frühling!", jauchzt jetzt die Narzisse.
„Frühling!", seufzt auch die Melisse.
„Frühling!", singt der Fink im Baum.
„Frühling!", piept's im Gartenraum.
„Frühling!", quakt der Frosch vor Spaß.
„Frühling!", zirpt's im jungen Gras.
„Frühling!", plätschert der Bach leis'.
„Frühling!", meckert selbst die Geiß.
„Frühling!", haucht der warme Wind.
„Frühling!", ruft vor Freud' das Kind.
„Frühling!", schallt's von Berg und Tal.
„Frühling!", rauscht der Wasserfall.

Frühlingsanrufung

Du liebste Tochter der Natur,
wir warten schon so lange.
Wo bist du hin? Wo steckst du nur?
Uns ist es um dich bange!

Sag, hält dein Bruder dich noch fest,
der grimmige Geselle?
Ist er es, der dich nicht entlässt?
Entschlüpf' ihm doch ganz schnelle!

Du bist doch von den Kindern all'
die Jüngste und die Flinkste.
Dich bringt so schnell niemand zu Fall!
Den Winter du leicht linkste!

Komm, Frühling, zeig' uns deine Gunst,
die wir so lang' schon warten!
Entzücke uns mit deiner Kunst!
Zieh' ein in Feld und Garten!

Neues Leben

Kühn lugt aus der kalten Erde
eine grüne Spitz' hervor,
noch geheim, was sie wohl werde,
schiebt sie sich ins Licht empor.

Nur ein kahler, brauner Flecken,
war das Beet den Winter lang,
bald sich weit're Triebe recken,
folgen ihrem Wachstumsdrang.

Täglich länger scheint die Sonne,
wärmt den Boden und die Luft.
Jeder Spross streckt sich voll Wonne,
gipfelt in der Tulpe Duft.

Sommergedichte

Das soll Sommer sein?

Im Juni rechnet man bereits
mit heißen, sonnenreichen Tagen,
doch dieses Jahr – was soll der Geiz? –
wir zitternd über Nässe klagen.

Schaut auch die Sonne mal hervor
vom leicht bewölkten Firmament,
tobt schon heran der alte Thor.
Ein Gott als Wetterdirigent!

Er lässt gar oft die Pauke schlagen,
schickt Blitze als Effekt hinzu,
und Wolkenpferde lässt er tragen
die Wasserriesen immerzu.

So kommt es, dass der Flüsse Betten
zu eng für ihren ruhigen Schlaf.
Wer Hab und Gut kann schnell noch retten,
sich einen Glückspilz nennen darf.

Doch ist Gott Thor noch nicht am Ende
mit dem Bezeugen seiner Macht.
Die Sturmtitanen fällen Wände,
durch Pirouetten wild gemacht.

Zum Schluss fällt diesem alten Thor(en)
ein ganz besond'res Glanzstück ein:
Er nimmt vom Wasser, das gefroren
und lässt es gar als Hagel schnei'n.

Worüber wir in all den Jahren
geflucht, geschimpft und auch gestöhnt,
dies würden gern' wir jetzt erfahren:
Dass Sonne unser Wetter krönt.

Komm, Sommer!

Als große Schwester kennt man dich,
vom jugendlichen Frühling.
Wär' es da nicht bedauerlich,
dich, Sommer, schätze man gering?

Schick' heim das ungestüme Kind;
sag' ihm, es muss nun weichen!
Der Sommer nun mit Macht beginnt;
lass' nicht mehr Zeit verstreichen!

Verwöhne uns mit Wärme nur!
Lass' oft die Sonne scheinen!
Gib Wachstum Kraut und Kreatur!
Enttäusche nicht die Deinen!

Zerstöre nicht mit deiner Kraft,
was Menschenhände schufen!
Schenk' rote Kirschen voller Saft!
Sollst auch den Regen rufen!

Vertreibe Blitz und Donner schnell!
Den Wind lass' sanft nur wehen!
So reift das Korn sensationell,
verleiht uns Wohlergehen.

Herbstgedichte

Der Maler Herbst

Der bunt gefleckte Maler,
der pinselt *alles* an,
verlangt nicht einen Taler,
obwohl er's so gut kann.

Er betupft jedes Blättchen
mit gelb, orange und rot,
bewegt sich wie ein Frettchen;
kommt nie in Auftragsnot.

So manches Bäckchen strahlet
vom Apfelbaum herab,
das er hat frisch bemalet.
Die Zeit wird ihm nicht knapp.

Den Drachen hilft er steigen
ins blaue Himmelszelt,
will ihm von oben zeigen
die weite, schöne Welt.

Sturmwinde lässt er brausen
um Häuser und auch Höhn,
mit seinen Fingern zausen
die Bäume wunderschön.

So malt er seine Bilder,
mal ungestüm, mal traut.
Der Herbst ist ein ganz wilder,
sehr bunt und oftmals laut.

Wer schleicht sich ganz heimlich ins Land?

Ist das der Wind, der durch das Blattwerk rauscht?
Ist das der Sturm, der Bäume wie Wäsche bauscht?
Wohin ist die Brise, die Gräser sacht wiegt?
Wohin ist das Lüftchen, durch das Samen fliegt?
Wer schleicht sich ganz heimlich ins Land?

Ist das der Nebel, der die Täler verhüllt?
Ist das der Regen, der uns're Fässer füllt?
Wohin ist der Tau, der die Wiesen getränkt?
Wohin ist das Nieseln, das Kühle uns schenkt?
Wer schleicht sich ganz heimlich ins Land?

Ist das die Kälte, die Schnee uns verheißt?
Ist das der Frost, der ins Gesicht uns beißt?
Wohin ist die Wärme, die uns verwöhnt?
Wohin ist die Hitze, die den Sommer krönt?
Wer schleicht sich ganz heimlich ins Land?

Sind das die Wolken, die den Himmel bedecken?
Sind das die Blätter, die Farbe auflecken?
Wohin ist die Sonne, die hell für uns scheint?
Wohin ist das Grün, das das Leben vereint?
Herbst schleicht sich ganz heimlich ins Land!

Herbstgedanken

Es ist mal wieder soweit:
Die ersten dichten Nebel im Tal wallen.
Die farbigen Blätter der Bäume fallen.
Ja, es ist Herbst- und Erntezeit!

Die Natur macht sich bereit:
Die Birnen und Äpfel fallen hernieder.
Die Fröste kehren vom Norden wieder.
Alles erstrahlt im buntesten Kleid!

Jetzt heißt es sich viel bücken:
Das Obst schnell aufgeklaubt und eingesackt,
mit Leiter, Korb und Säcken schwer bepackt.
Nur wenig Obst muss man vom Baum noch
pflücken!

Zu kalt wird's auch den Mücken:
Die letzten Wespen verstecken sich ganz schnell.
Jeden Morgen wird es später hell
und näher zum Ofen wir rücken!

Herbsteindrücke

Die ersten Nebel erscheinen schon.
Die Luft wird langsam kälter.
Das Laub färbt sich ein in buntem Ton.
Das Jahr wird stetig älter.

Die Sonne strahlt nicht mehr so heiß.
Die Vögel fliegen nach Süden.
Der Atem schmeckt das erste Eis.
Der Tag muss früh ermüden.

Die schönsten Blumen blühen nun.
Die dicksten Beeren reifen.
Der Maler hat nun viel zu tun.
Farbreichtum ist zum Greifen.

Die Natur hat ihren Reichtum vererbt.
Die Nachkommen sind entlassen.
Der Himmel ist fahlblau eingefärbt.
Der Sommer will verblassen.

Herbstimpressionen

Drachen tanzen sacht im Wind.
Kastanien fallen von den Bäumen.
Herbst zieht ein ins Land geschwind,
während wir vom Sommer träumen.

Stürme brausen durch die Gassen,
reißen ab das bunte Laub.
Manche Bö kann es nicht lassen,
wirft gerne Mützen in den Staub.

Viele Äste tragen Lasten,
die ihnen schon längst zu schwer.
Jetzt wird es Zeit für sie zu rasten,
schütteln sich, bis sie ganz leer.

Vögel sammeln sich zu Schwärmen.
Nebel hüllen ein das Land.
Zum letzten Mal die Grillen lärmen,
als hätt' der Sommer sie gesandt.

Herbstschätze

Heut' Nacht haben tausend Frau'n
ihr Geschmeide mir geschenkt.
Seht nur! Seht nur meinen Zaun!
Er ist voll mit Schmuck behängt.

Ungezählte kleine Steine
funkeln dort im Sonnenschein.
Alle, alle sind nun meine!
Könnte Krösus reicher sein?

Edle Diamantenketten
locken mich und Diademe.
Eile! Eile, sie zu retten!
Ist`s mein Recht, wenn ich sie nehme?

Schnell such' ich nach einem Kasten,
der auch trägt das Schmuckgewicht.
Hurtig! Hurtig! Darfst nicht rasten!
Gleich stiehlt`s gar ein Bösewicht.

Als ich schließlich rausgekommen,
ist vom Reichtum nichts mehr da.
Wer nur, wer nur hat genommen,
was mir doch schon sicher war?

Im November schaffen Nebel
und die Sonne Edelsteine.
Flüchtig, flüchtig ist's Gewebe
der zarten Spinnenweb-Designe.

Herbst

Blätter bläst der Wind vom Baum –
grüne, braune, gelbe, rote.
Herbst steht dort am Waldessaum,
wie ein bunter Jahresbote.

Eicheln fallen auf den Boden,
schlagen klackernd auf die Erden.
Menschen hüllen sich in Loden.
Kälter will es wieder werden.

Kahle Äste ragen raus
aus den farbenfrohen Kronen.
Vögel kommen zum Futterhaus.
Wird sich dieser Flug schon lohnen?

Hörnchen sammeln fleißig Nüsse
als ein Vorrat für den Winter.
Bäume schenken Überschüsse –
Leckereien für die Sprinter.

Letzte Blumen blüh'n im Garten.
Abgeerntet sind die Beete.
Kürbisse auf Einsatz warten
zu Halloween und bunter Fete.

Mit dem Reichtum aller Farben
geht das Jahr dem Ende zu.
König Herbst schenkt reiche Garben –
ist trotz allem ein Filou!

Naturaufnahme

Wie kleine Perlen an Zweigen aufgereiht
schimmern Tautropfen im ersten Morgenlicht.
Büsche und Bäume tragen ein Kristallkleid,
verzaubert zu einer Feenwald-Ansicht.

Wie von der Leine gewehte Kinderkleider
schweben Nebelfetzen über die Wiese.
Gräser und Blumen verwandeln sich in
Schneider,
werden zu Helfern einer sanften Brise.

Wie Farbflecken auf der Malerpalette
bieten erste Blüten dem Morgen sich dar.
Sträucher und Pflanzen achten die Etikette,
opfern ihre Schönheit auf dem Naturaltar.

Wie eine kunterbunte Märchenbrücke
spannt sich ein Regenbogen über den Wald.
Himmel und Erde glänzen im Morgenglücke,
ehren die Schöpfung in jedweder Gestalt.

Die letzten Herbsttage

Ich höre ein Lachen und fröhliche Lieder.
Auf dem Hof tanzen Kinder im Reigen.
Vom Himmel rieselt sanft Regen hernieder.
Leise berührt er Blätter, rinnt herab an Zweigen.

Ich sehe die Füßchen, wie freudig sie stampfen.
Die Röckchen fliegen im Takt der Töne.
Weiches Wasser reinigt die Luft durch
Verdampfen.
Schwäne über den Hügel bringen her das
Schöne.

Ich rieche den Duft frisch gewaschener Wäsche.
Die nassen Kleidchen kleben beim Tanzen.
Erdgeruch legt sich als Mantel um die Esche.
Blütenaromen vereinigen sich zum Ganzen.

Ich spüre, wie die Freude der Kinder vergeht.
Eins nach dem anderen verlässt den Kreis.
Die ersten Blätter der Wind schon verweht.
Schon bald bedeckt sie sacht Schnee und Eis.

Gesichter des Herbstes

Unter den Füßen raschelt Laub.
Wind weht Blätter von den Bäumen.
Sturm wirft Äste in den Staub.
Herbst kann laut und leise träumen.

Morcheln stinken am Waldessaum.
Obst gärt faulend im gelben Gras.
Moderduft zieht durch den Raum.
Gerüche gibt's im Übermaß.

Spinnweben glitzern im Morgentau.
Lichtflecken tupft der Sonnenschein.
Nebel verschleiert alles in Grau.
Wolken verdunkeln bald ungemein.

Bäume sich färben von grün zu bunt.
Kürbisse grellorange leuchten.
Obst reift gelb, rot im weiten Rund.
Astern glänzen im Feuchten.

Reif überzieht Gärten und Wiesen.
Die Sonne verliert stetig an Kraft.
Kalte Luft lässt Pilze sprießen.
Der Herbst ist einfach zauberhaft!

Wintergedichte

Früher gab es richt´ge Winter

Früher gab es richt'ge Winter,
stelle ich seit Jahren fest.
Heut' entpuppt er sich als Sprinter;
kommt nicht mal zum Weihnachtsfest.

Von November bis April
hielt der Winter einstmals an,
wurd' bezeichnet gar als still,
stellte Hektik hinten dran.

Jetzt legt er im Januar
meist erst richtig los.
Auch sein End' ist absehbar,
fällt in Märzens Schoß.

Dafür bleibt der Stress uns treu,
auch in Wintertagen.
Nein, das ist uns gar nicht neu.
Lernen wir's ertragen!

Viel wird heut' davon gesprochen,
wie viel schöner alles war,
als der Schnee hielt über Wochen
und die Luft noch kalt und klar.

Doch, wenn man es recht bedenkt,
will keiner dieses Wetter.
Wer möchte sein so eingeschränkt,
würd' es stetig glätter?

Chaos herrscht ja heute schon,
fallen ein paar Flocken.
Verkehr übt sich in Aversion,
ist es mal nicht trocken!

Selbst die Kinder finden ihn
selten noch von Nutzen.
Könnten sie der Schul' entfliehn,
würden sie ihm trutzen.

Ist die Schule endlich aus,
fängt es an zu dunkeln.
Wen treibt es denn noch hinaus,
wenn die Sterne funkeln?

Eis und Schnee und Kälte sind
lästig für die Leute.
Ist der Winter gar zu lind,
folgt die Mückenmeute.

Wann, so frage ich mich jetzt,
gibt es wohl das Wetter,
das alle in Freude versetzt?
Petrus, sei ein Netter!

Daunenschnee

Jüngst besuchte ich Frau Holle
in ihrem Wintermacher-Reich.
Sie befahl mir, dass ich solle
Kissen schütteln, die ganz weich.

Oh, wie wirbelten die Daunen
aus dem Federbett heraus.
Selbst die Goldmarie tät' staunen,
träte heute sie vor's Haus.

Jedes Kind kannst du befragen
wie die Daune sich verwandelt.
Es wird dir die Antwort sagen:
Um Schneeflocken es sich handelt.

So schleicht sich der Winter leise
in die Menschenwelt hinein,
bringt sie unter Frost und Eise,
hüllt sie in weiße Decken ein.

So kommt zur Ruhe die Natur.
Die Menschen hetzen weiter.
Nehmt's Beispiel euch an Feld und Flur
und werdet doch gescheiter!

Weihnachtsgedichte

Engelsgrundschule

Wusstest du, dass Engelein,
sind sie noch wie Kinder klein,
zu gern' zur Schule gehen?
Lass uns dies mal kurz anseh'n!

Kaum, dass die kleinen Rangen
allein aus den Bettchen gelangen,
sind ganz sicher sie bereit
für ihre erste Schuljahr-Zeit.

Sag', was müssen Engel lernen;
Umlaufbahnen von den Sternen?
Nein, zuerst einmal das Fliegen,
Soll'n sie nicht am Boden liegen.

Auf dem Plan steht auch das Singen,
denn im Himmel muss es klingen.
Zum Lob Gottes muss es schallen
von den Engelschören allen.

Und die Instrumentenkunde
kommt dann in der nächsten Stunde.
Spiel'n von Harfen, Flöten, Geigen
wird ihnen sehr schnell zu eigen.

Sag', das soll schon alles sein?
Was ist mit dem Ringelreihn?
Nun, das Tanzen folgt erst dann,
wenn jeder seine Noten kann.

Kann ein Englein die vier Sachen,
darf es sich schon Hoffnung machen,
weit're Bildung zu erhalten,
seine Gaben zu entfalten.

Nikolaussocken

Frauchen hat Socken aufgehängt.
Ob Nikolaus auch an Trixi denkt?
Vor dem Fenster an der Leine
baumeln große und auch kleine.

Für jeden hier in diesem Haus
musste je ein Strumpf hinaus;
damit Niklaus nicht vergisst,
wer hier alles zuhause ist.

Seit die Socken aufgehangen,
sieht das Kätzchen öfters rein.
Sag', was soll man sonst anfangen
mit der Zeit, wenn man noch klein?

Nach gar vielen Fehlversuchen
ist es endlich dann soweit:
Trixi kann Erfolg verbuchen,
riecht schon eine Köstlichkeit.

Alle Strümpfe sind so schwer,
kaum hält sie die Klammer mehr.
Ein gezielter Pfotenhieb
macht das Kätzchen jetzt zum Dieb.

Der liebe, gute Nikolaus
schenkt der Trixi eine Maus,
denn es weiß der Heil'ge Mann
wie er sie erfreuen kann.

Stolz trägt jetzt die rote Katze
ihre Beute in die Stuben,
frisst sie dort mit viel Geschmatze
zu den Füßen von dem Buben.

Jetzt beginnt das große Rennen
um die Gaben in den Socken.
Bubi, der beginnt zu flennen
und bleibt glatt im Zimmer hocken.

Bald schon kommen alle wieder,
auf den Lippen Weihnachtslieder,
in den Händen einen Socken,
der zum Glück geblieben trocken.

Mama hat für ihren Kleinen,
der nun aufgehört zu weinen,
dessen Strumpf gleich mitgebracht.
Da hat Bubi froh gelacht.

Vergebliche Wacht

Im off'nen Fenster steht Mischu,
hält Ausschau nach dem Christuskind.
Keiner weiß so gut wie ich und du,
wie neugierig kleine Katzen sind.

Mit staunend aufgeriss'nen Augen
und hochgestelltem Schweif
kann sie es gar nicht glauben,
welch' Zauberlandschaft schuf der Reif.

Auf der Scheibe hat der Frost
Blumengrüße hinterlassen;
brachte einen Wind von Ost.
Oh, wie Katzen Kälte hassen!

Trotzdem steht die Vorderpfote
im eis'gen Schnee der Fensterbank.
Möcht' Mischu doch sein der Bote,
dem gilt der Verkündungs-Dank.

Leider hat das tapf're Spähen
in das Dunkel nichts gebracht.
Wenn es Katzenaugen sähen,
wo blieb' denn des Christkinds Macht?

So werden auch in diesem Jahre
die Geschenke ungesehen,
trotz wachsamer Augenpaare,
unterm Weihnachtsbaume stehen.

Naschkatzen

Oh, welch' verlockender Duft
liegt heut' in der Zimmerluft!
Vanille, Zimt und Marzipan
zieht sogar das Kätzchen an.

Wo selbst Kindernasen zucken,
sollt' nicht die des Tierchens jucken?
Schnell springt es auf weichen Pfoten
auf den Tisch, der streng verboten.

Nach ihm finden sich dort ein
zwei der Kinder, die noch klein.
Staunend glänzen Kinderaugen,
während Näschen Düfte saugen.

Ist das Christkind hier am Backen?,
fragen sich die kleinen Racken.
Was vor ihnen ausgebreitet
ist, woraus man Teig bereitet.

Ob wir ein Stück vom Pfefferkuchen,
der gebacken ist, versuchen?
Schnell noch einmal umgesehen.
Christkind wird wohl nirgends stehen.

Schon strecken sich kleine Hände
zu dem Backwerk ganz behände.
Auch die Pfote von dem Kätzchen
sinnt auf unerlaubte Mätzchen.

Auch die Zungen von den Dreien
beim Umrunden der Münder seien,
in Erwartung auf die Gaben,
an denen sie sich gleich erlaben.

Oh, ihr naschsüchtigen Rangen!
Katz' und Kinder gleich wegsprangen,
als die Mutter trat ins Zimmer.
Gibt es etwas, das noch schlimmer?

Mehl an Händen und an Füßen
hatten Angst sie vor dem Büßen.
Weiß waren auch der Pfoten drei,
von der vierten tropft' noch Ei.

Als der Vater trat ins Haus,
sah es für ihn sehr seltsam aus.
Von der Küche durch den Flur
führte eine weiße Spur.

Hat's hier drinnen gar geschneit?
Schließlich ist bald Weihnachtszeit.
Das sind Spuren von den Tatzen
uns'rer drei kleinen Naschkatzen.

Weihnachtswunderland

Ich war in einem Wunderland,
wo alle Träume wurden wahr.
Selbst volle Schalen bis zum Rand
war'n, kaum gewünscht, schon da.

Mein Spielzeug, was ich lang' ersehnt,
lag flugs vor meinen Pfoten.
Der Wunsch war ja sehr ausgedehnt
und wurd' mir stets verboten.

Doch dort und damals gab's das all',
was das Katzenherz begehrte.
So wollte ich in jedem Fall
haben, was man mir verwehrte.

Ein riesengroßer Katzkratzbaum
stand vorn' auf meiner Liste.
Er füllte aus des Menschen Raum,
enthielt auch meine Kiste.

Dann bin ich leider aufgewacht
aus meinem süßen Traume.
Es war just in der Heil'gen Nacht,
da stand er unter'm Baume.

Warten auf Schnee

Jeden Morgen stehen sie am Fenster,
drücken sich die Näschen breit,
in Erwartung auf die weißen Gespenster –
nein, es hat noch immer nicht geschneit!

Mittags kommen sie enttäuscht nach Hause,
waren fleißig und besonders hilfsbereit,
sowohl im Unterricht als auch in der Pause.
Was ist nur los mit der Winterzeit?

Später schmücken sie Haus und Garten
für das schönste Fest der Christenheit,
können das Ereignis kaum erwarten.
Wann ist es endlich denn so weit?

Abends schlüpfen sie müde in die Betten,
sind die Warterei so langsam leid,
schließen ab schon Schneefallwetten.
Ist Frau Holle bald bereit?

Am Tage vor dem höchsten Feste
rufen die Kinder aus gescheit:
Schnee ist doch das allerbeste,
wenn er kommt zur Weihnachtszeit!

Weihnachtsstimmung

Höre wie das Glöckchen klingt,
wie der Chor der Engel singt!
Siehe wie der Baum erstrahlt,
wie das Licht die Stimmung malt!

Merke wie die Plätzchen schmecken,
wie Zungen über Lippen lecken!
Rieche wie die Kerzen duften,
wie Sorgen zu nichts verpufften!

Fühle wie die Welt sich wandelt,
wie jeder gern mit Liebe handelt!
Lerne wie man Frieden findet,
wie Hass aus deiner Welt verschwindet!

Weihnachtsstress mit Folgen

Die Hektik sitzt mir voll im Nacken
in der besinnlichen Zeit.
Jetzt heißt es schnell noch Plätzchen backen!
Weihnachten ist nicht mehr weit.

Ich muss ja noch den Tannenbaum
im Forst mir selber schlagen,
um meiner Kindheit Weihnachtstraum
heut' in mein Haus zu tragen.

Geschmückt will er dann auch noch werden
mit Sternen, Kugeln, Kerzen.
Was gibt es schöneres auf Erden,
erfüllt ganz uns're Herzen?

Die Giebel sind mit Lichterketten
ganz fix noch auszustatten.
Im Garten – darauf kannst du wetten –
liegt nicht der kleinste Schatten.

Ein Lichtermeer erhellt das Haus
von außen und von innen.
Manch' Nachbar spendet mir Applaus,
für and're tu ich spinnen.

Der Kuchen und das Festtagsessen
sind beide noch nicht fertig.
Geschenke darf ich nicht vergessen,
sind mir im Kopf gewärtig.

Als alle Arbeit ist getan
und ich rechtschaffen müde,
da schaue ich auf meinen Plan,
erkenn' die Plattitüde.

Was nützt mir all der viele Schmuck,
Geschenke, Lichter, Essen?
Ich hab' bei meinem Leistungsdruck
das Einladen vergessen!

Wo in Dir fängt Weihnachten an?

Weihnachten fängt im Herzen an,
wenn man anderen all das gönnen kann,
was man selbst sich wünscht oder begehrt.
Erst dann zeigt Menschsein seinen Wert!

Weihnachten fängt im Fühlen an,
wenn man sich in and're hineindenken kann,
ohne sein Ich vornan zu stellen.
Christ sein heißt: Kein Vorurteil zu fällen!

Weihnachten fängt im Lieben an,
wenn man sich selbst wie man ist, mögen kann,
ohne die Menschen um sich zu vergessen.
Nie darf man and're nach Gütern bemessen!

Tiergedichte

Das wilde Pack

Im Garten hinterm Hause,
da tobt ein wildes Pack;
macht selten mal `ne Pause,
springt hin und her: zack-zack!

Es schleicht ein schwarzer Panther
durchs Dickicht nah am Zaun.
Er ärgert gar den Ganter,
der niemals abgehaun.

Dort springt ein roter Tiger
nach allem was so fliegt.
Schon hat der kleine Krieger
die Hummel fast besiegt.

Am Teich da sitzt die Bunte
und lauert auf den Hecht;
ihr Schwanz wie eine Lunte,
die startklar zum Gefecht.

Jetzt plumpst auch die Weiß-Schwarze
herab vom Tannenbaum,
die Krallen voll vom Harze
und in dem Mäulchen Flaum.

Dann gibt's ja noch den Grauen,
der nebelgleich zerfließt.
Er liebt es zuzuschauen,
schnurrt leise und – genießt.

Im Garten hinterm Hause,
da tobt ein wildes Pack;
macht selten mal `ne Pause,
treibt manchen Schabernack.

Das Zeug im Korb

Ich hab' mir diesen Korb gekrallt,
der voll mit roten Kugeln.
Ist Weihnachten schon so bald?
Das muss ich gleich mal googeln.

Doch, wie sich dann herausgestellt,
lag ich da voll daneben.
Äpfel, nennt sie die Menschenwelt,
will ich dir gerne geben.

Was soll denn auch ein Katzenkind
mit so viel Obst anfangen?
Glaub' ja nicht, ich wär' völlig blind,
als ich musst danach langen.

Ich dachte doch, das runde Zeug
wär' für mich was zum Spielen.
Nachdem ich's mir recht beäugt,
weiß nicht, warum sie mir gefielen.

Jetzt frag' ich dich, du nette Frau:
Willst du nicht mit mir tauschen?
Für Mäuschen sag ich gern Miau.
Lass uns darüber plauschen.

So wären dann zufrieden wir,
mit diesen leck'ren Gaben.
Der Mensch und auch das Katzentier
könnten beide sich nun laben.

Katzen-Sport

Wenn morgens früh der Max erwacht,
er aufsteht nachmittags um vier,
werden Turnübungen gemacht.
Erst dann betritt er sein Revier.

Es wird gedehnt der ganze Leib,
von der Schwanzspitze bis zur Kralle.
Er macht das nicht zum Zeitvertreib
im weichen Heu im Stalle.

Was eine richt'ge Katze ist,
die weiß sich zu bewegen.
Und weil sie gerne Mäuse frisst,
muss flink sie sich auch regen.

Sind allerdings die Muskeln steif,
die Knochen knacken im Gelenk,
dann wird es nichts mit Beutegreif.
Deshalb an Sport stets denk'!

Meisentraum

Auf einem kahlen Apfelbaum
saß einsame eine Meise
und sang von einem Frühlingstraum
eine hübsche, kleine Weise:

Sie sang von Blüten und von Blättern,
von Regen und von Regenbogen,
von Nahrung und von schönem Wetter,
von Nestbau und dem Herrn dort oben.

Sie sang von klaren schönen Tagen,
von spielerischer Partnerwahl,
von Futtersuche ohne Plagen,
von Flügen weit hinab ins Tal.

Wer lärmt denn da?

Im Park vor meinem Fenster
gibt's morgens und abends Geschrei.
Was sind das für Gespenster,
die machen ein Bohei?

Schon morgens in der Frühe,
kaum, dass die Sonne scheint,
geben sie sich alle Mühe
und kreischen laut vereint.

Sie sitzen in den Bäumen
und sind doch nicht zu sehen.
Fast glaube ich zu träumen
würd' ich nicht grade stehen.

Und dann, mit viel Getöse,
steigt auf ein Vogelschwarm –
als ob sich Blattwerk löse –
Sittiche gelb-grün mit Charme.

Sie fliegen fort zum Fressen
und kehren erst spät zurück.
die Strecke ist bemessen
als einfaches Flugstück.

Zu sehen sind die Gaukler
erst, wenn das Laub wird braun.
Die taubengroßen Schaukler
auch unsere Winter schaun.

Einst waren sie in Mannheim
im Luisen-Park Zuhaus'.
Doch hinter Gitter und Leim
hält's kein Sittich lange aus.

Was die Raben erzählen

Hörst du dieses schrille Lärmen,
sobald die Dämmerung beginnt?
Raben fliegen heim in Schwärmen,
die gar sehr geschwätzig sind.

Jeder muss noch schnell berichten,
was am Tag er hat erlebt.
Sie erzählen dann Geschichten.
Jedes Herz vor Staunen bebt.

Klunker hat `nen Ring gestohlen,
der auf der Kommode lag.
Moppel wollt` der Fuchs gar holen,
als er träumte in den Tag.

Mampfi, der so sehr verfressen,
wie sein Name ja schon sagt,
hat eine Murmel gegessen,
die ihn auch jetzt noch plagt.

Stinker hat im Sand gebadet,
weil ihn kleine Tierchen narr'n.
Federpflege niemals schadet,
will man gern im Schwarm verharr'n.

Trulla hat mit Kräck geschnäbelt,
was ihrem Freund gar nicht gefiel;
worauf beide gleich gesäbelt,
bis Kräck verlor das Trauerspiel.

Rack sang für die Rabendamen
seine schönste Melodie.
Pick fiel durch das Krächzexamen.
Heiser schafft er das wohl nie!

Prax, der alte Rabenmann,
tat heut` seinen letzten Schnauf,
führte sich als Don Juan
bei den Rabendamen auf.

Noch so manche Neuigkeit
wurde schnell im Flug erzählt.
Leider blieb nur wenig Zeit,
drum hab ich diese ausgewählt.

Der Walnuss-Apfelbaum

Ein süßes rotes Kerlchen
schlüpft wieder durch den Zaun.
Es kommt wie jeden Morgen,
holt Nüsse unterm Baum.

Erst fragte sich das „Kätzchen":
„Wie kann denn solches sein?
Ein Apfelbaum trägt Nüsse?
Die sind jetzt alle mein!"

Doch schon am zweiten Tage,
da war es ihm egal.
Jetzt sammelt's auf die Nüsse
und findet es normal.

Der Winter ist `ne lange
und auch `ne harte Zeit.
Da heißt es kräftig horten,
eh' es wird kalt und schneit.

So nimmt es gern die Gaben,
die Menschen ihm geschenkt,
verbuddelt sie behände,
denn Vorrat wird versenkt.

Kommt mal ein fremdes Hörnchen
und will ihm etwas klau'n,
jagt's fort den Konkurrenten.
Der wird sich's nicht mehr trau'n!

Doch statt daraus zu lernen,
holt er `nen Freund herbei.
So saßen dann im Baume
der Hörnchen keckernd zwei.

Und auch der schwarze Vogel,
der Krähe wird genannt,
mit Anlauf wird vertrieben
vom Apfel-Nuss-Baum-Land.

Doch unser süßes „Füchschen"
macht sich da gar nichts draus.
Es sammelt flink die Nüsse
und huscht dann schnell nach Haus.

Ach, wäre ich ein Schmetterling!

Ach, wäre ich ein Schmetterling,
ein kleines, buntes Flatterding!
Ich flöge in die Welt hinaus.
Nichts fesselt` mich an dieses Haus!

Ich säße auf dem Stacheldraht
und wüsste nichts von Geld und Staat.
Mich hielten weder Gitter noch Mauern,
müsst' in der Zelle nicht versauern.

Nicht ganz gefahrlos wär` mein Leben;
ich denke an die Spinnenweben.
Dann gäb's noch die Insektenfresser;
die Vögel sind da auch nicht besser.

Sogar der Mensch würd` mir zum Feind,
wenn Jagd und Neugier sich vereint`.
So mancher schöne junge Falter
wurd` aufgespießt zum Raumgestalter.

Trotzdem würd` ich's gerne wagen
meinem Menschsein zu entsagen.
Welch' schönes Leben könnt ich führen,
würd` keine Sorgen mehr verspüren.

Wenn auch recht kurz wär` mein Verweilen,
so würde ich doch niemals eilen.
Dann setzte ich mich nur zum Schauen
in Gärten hin im Morgengrauen.

Mein Dasein wäre ein Getändel
zwischen Rose und Lavendel.
Und kurz bevor der Sommer endet,
hätt' neues Leben ich gespendet.

Leider bin ich kein Schmetterling,
kein kleines, buntes Flatterding;
kann ihn mir nur zum Vorbild nehmen
bei meinen Mensch- und Alltagsthemen.

Rohdonn, mein Wunderpferd

Im Winde flieget deine Mähne.
Dein Schweif ist Spielzeug für den Wind;
so schön, dass ich mich niemals gräme,
dass wir beide Freunde sind.

Dein zarter Huf hat kaum berühret
den harten Fels, den weichen Sand,
so hast du ihn nicht mehr gespüret –
du flogst nur über's weite Land.

Wie herrlich deine Muskeln spielen!
Wie dein Auge feurig strahlt!
Nur leider tust du schielen,
doch kein Bild ward je so schön gemalt.

Gern' will ich auf dir reiten
und auf dir schweben davon.
Ich will zu allen Zeiten
bei dir sein, Rohdonn.

Im Winde fliegen dann auch meine Haare,
wenn du im Galopp dich streckst.
Wir beide – welch ein schönes Paare –
werden Sieger, wenn du dich reckst.

Du bist für mich das schönste Pferd,
auch, wenn du vom Blute nicht rein.
Unbezahlbar ist dein Wert.
Du stahlst dich in mein Herz hinein.

Deshalb wirst du es schaffen.
Wir erobern die Welt
friedlich ohne Waffen:
Im Sturmritt durch Wald und Feld.

Im Winde fliegt dann deine Mähne.
Dein Schweif wird Spielzeug für den Wind;
so schön, dass ich mich bestimmt nie gräme,
dass wir beide Freunde sind.

Naturkonzert

Heut' ist etwas los in diesem Garten.
Ein Mega-Event soll dort gleich starten.
Auch die Sänger finden sich schon ein.
Jetzt beginnt das Konzert für Groß und Klein.
Das Eichhörnchen flink die Noten verteilt.
Jeder Musiker zu seinem Platze eilt.
Der Bienenchor summt ein uraltes Lied.
Die Hummel tief brummend Schnörkel zieht.
Zirpend setzten Grillen als Geiger ein.
Die Amseln spielen die Flöten gar fein.
Den Takt schlägt als Trommler der bunte Specht.
Die Echse macht sich als Dirigent nicht schlecht.
Der Frösche Gesang schallt herüber vom Teich.
Da wird die Kröte vor Neid kreidebleich.
Die Tuba gibt röhrend der alte Hirsch.
Ob der Lautstärke guckt die Echse unwirsch.
Die Wildkatze kreischt plötzlich schrill
dazwischen.
Was muss sie sich gerade jetzt einmischen!
Das Publikum ruft lauthals: Buh!
Die Höckerschwäne trompeten dazu.
Mit der Nachtigall ist das Orchester komplett;
dazu treten die Kraniche auf als Ballett.

Die Zuhörerschaft ist tief ergriffen,
daher wird geklatscht, nicht ausgepfiffen!
Die Kraniche genießen das Lob am meisten,
wobei sie den Garten laut schreiend umkreisten.
Zuletzt nimmt die Echse die Ehrung entgegen,
da verjagt die Tiere der plötzliche Regen.

Logenplatz

Was sitz`ich gut auf deinem Kopf,
du eisiger Geselle.
Einst war da mal ein alter Topf,
wo ich die Füß` hinstelle.

Jetzt hab`ich dich als Aussichtspunkt
über mein Reich erkoren.
Denn was der Wald mir zugefunkt,
klang schlecht in meinen Ohren.

Es wollen doch der Hörnchen drei
die Nussverstecke plündern.
Was nützte mir die Schinderei
in and'ren Hörnchenmündern.

Drum gebe ich den hohen Platz
nicht ganz so schnell hier auf.
Vom Schneemann ist es nur ein Satz,
wenn ich die drei mir kauf`.

Pflanzen- und Naturgedichte

Den Bäumen gleich

Sei wie ein starker, alter Baum;
die Wurzeln tief in der Erde vergraben.
Mächtige Äste ragen in den Himmelsraum,
die Schatten- und Schutzfunktion haben.

Sei dennoch wie die kecke Weide;
sie verneigt sich scheinbar tief vor Sturm und
Wind.
Sehr geschmeidig und weich, vergleichbar mit
Seide,
ist sie doch der Natur trotziges Kind.

Sei wie die schlanke Birke;
der Harlekin unter den Waldgewächsen.
Freude und Harmonie um dich 'rum bewirke,
gib dir und uns das Gefühl zu relaxen!

Sei wie die stets grüne Fichte;
eine Pflanze immerwährenden Lebens.
Tiefe Dunkelheit um dich herum belichte
und behaupte nie: Es war vergebens!

Sei wie der saftvolle Ahorn;
eine Quelle zäher, flüssiger Nahrung.
Blicke unaufhörlich optimistisch nach vorn
und gib ab von deiner großen Erfahrung!

Sei wie die mächtige Eiche;
das Holz fest wie sonst bei keinem anderen.
Aber verliere nie im Innern das Weiche
und lehre die Gedanken zu wandern!

Sei wie die Zitterpappel;
sie gedeiht auch in sumpfiger Erde.
Kümmere dich nicht um der andern Gesabbel
und heb' dich ruhig ab von der Herde!

Der Maulbeerbaum

Einsam steht ein Maulbeerbaum
im lauen Sommerabendwind;
erinnert mich an einen Traum,
warum er eingepflanzt als „Kind".

In den Münchner Isarauen
war einer er von tausend Stück.
Noch weitere durfte anschauen,
wen in Preußen traf das Reiseglück.

Dem König kam einst die Idee,
im Reiche Seide anzubauen.
Teuer war der Stoff aus Übersee
und den Händlern kaum zu trauen.

Auf Schulhöfen und Marktplätzen
wurden Bäume und Hecken gepflanzt.
Die Seidenraupe wusste zu schätzen,
wenn ihr das Blattwerk zugeschanzt.

Doch oft die Spinner bereits schlüpften,
bevor die Maulbeeren im Laub.
Widrige Umstände sich verknüpften,
und die Raupen zerfielen zu Staub.

Den Bäumen erging es nicht besser:
Sie wurden nicht immer gepflegt.
So mancher fiel unter dem Messer
und ward auf das Feuer gelegt.

Es gab eine passable Rendite,
für den, der alles richtig macht.
Die Raupen zahlten ihre Miete
mit Seide, die sie umgebracht.

Wie viele Jahre ist das her,
als zuletzt das Laub geschnitten.
Heut' gibt es keine Raupen mehr.
Die Bäume haben ausgelitten!

Heut' schenkt der alte Maulbeerbaum
sehr gerne seine Beeren.
So lebt er seinen Kindheitstraum
vom Wachsen und Vermehren.

Der Walnussbaum

Es wuchs einmal ein Walnussbaum,
den einst mein Vater pflanzte,
weit in den klaren Himmelraum,
wo jeder Zweig gern' tanzte.

Er streckte dreißig Jahre lang,
bis seine Kron' so prächtig,
die Äste voller Überschwang.
Und auch sein Stamm war mächtig.

Sein Laubkleid kühlen Schatten warf.
Darunter ließ sich sitzen.
Im Herbst bestand nur kein Bedarf
zum Blätterfegenschwitzen.

So manches Hörnchen freute sich
am reichen Walnusssegen
und fühlte sich recht königlich
auf kurzen Sammelwegen.

Doch, was dem Hörnchen gut gefiel,
stört' Menschen oftmals sehr.
Das Blätterkehren wurd' zu viel
und jeden Herbst gar mehr.

Es ragte bald so mancher Ast
über Weg' und Dächer.
So wurde dann in großer Hast
die Säge schnell zum Rächer.

Voll Trauer sah das Tierchen zu,
wie seine Nahrungsquelle
sich neigte bald zur ew'gen Ruh
und das so furchtbar schnelle.

Es wuchs einmal ein Walnussbaum,
den einst mein Vater pflanzte,
weit in den klaren Himmelraum,
wo jeder Zweig einst tanzte.

Ein seltsam Ding

Tief drunten dort im Tale
da lebt ein seltsam Ding,
das lacht mit einem Male,
als ich es leis' anging.

Es schläft ganz eingebettet
in saft'gem grünen Gras.
Es ist nicht angekettet.
Das macht ihm so viel Spaß.

In seinem grünen Bette
springt es ganz munter 'rum.
Es hat sich selbst gerettet
und ist bestimmt nicht dumm.

Versperrt ihm doch ein Felsen
auch einmal seinen Lauf,
es wird ihn schon wegwälzen –
nicht eher gibt es auf.

Verspielt ist dieses Wesen
und macht auch gern Radau.
Hast Du schon 'rausgelesen,
wer dieses Ding in blau?

Mal schimmert es auch silbern,
mal ist es schlammig braun.
Du siehst es viel auf Bildern,
kannst's auch „natür-lich" schaun.

Man kann es auch benennen
als einen Lebensraum.
Jetzt musst du es erkennen!
Hier wächst manch' Weidenbaum.

Fluss(lebens)lauf

Als die Eiszeit vorbei und jung der Fluss,
schlängelte er sich`s durchs Land voll
Hochgenuss.
Wie`s ihm gefiel, schuf er Schleifen und Auen,
ließ sich aber nie von der Natur aufstauen.

Später lernte er die Menschen kennen,
deren Kähne nun seine Wasser trennen.
Sie nutzten ihn schon bald als Wasserweg,
bauten Häuser an seine Ufer mit Bootssteg.

Durch die Menschen wurde sein Leben bunter.
Die Abwechslung machte ihn erst munter.
Er liebte es, mit diesen Wesen zu spielen;
lachte, wenn in seine Fluten sie fielen.

Doch dann kam die Zeit, da ward`s ihm zu viel.
Er sah nur noch Schiffe, Kiel an Kiel.
„Schleifen nachfahren dauert zu lange!",
riefen die Leute und machten ihn bange.

Begradigt wurde sodann sein Lauf,
doch damit hörte sein Leiden nicht auf.
„Die Sümpfe am Ufer müssen auch noch weg!
Das ist nur unnützer Unrat und Dreck!"

Als sie ihm auch noch die Auen genommen,
da ist es den Menschen schlecht bekommen.
Wütend verließ er jetzt sehr oft sein Bett,
blieb nicht mehr ruhig, geduldig und nett.

Statt dies gleich als Warnung zu verstehen,
ließen die Menschen sich gleich noch mehr
gehen.
Chemie und Abwässer flossen in den Strom.
So kam es schließlich zum Fluss-Pogrom.

Es dauert sehr lange, bis Menschen verstehn;
und sie das Unrecht ihrer Taten einsehn.
Als fast nichts mehr ging, war's endlich soweit:
Sie griffen auf die Fehler der Vergangenheit.

Trotzdem gingen viele Jahre ins Land,
bis der Fluss sich wieder als sauber empfand.
So manche Au wurde ihm zurückgegeben,
doch keine Schleife – damit muss er jetzt leben!

Melodien der Elemente

Es hört sich an wie eine Melodie;
ein Lied vom Wachsen und Vergehen.
Es schwingt in allem wie Magie
und lässt uns in die Tiefe sehen.

Im Wind erklingt's in vielen Stärken.
Als leises Säuseln es beginnt
und bauscht sich auf zu Sturmeswerken.

Das Wasser singt sogar im Kreise:
Die Quelle und das Rinnsal heiter,
Bach, Fluss und Strom `ne ernste Weise.

Das Meer rappt mal Protestgesang,
mal schickt es Kanons mit den Wellen.
Doch stets singt es von Tatendrang.

Das Rund sich mit den Wolken schließt,
wenn rhythmisch trommelnd Regen fällt
und singend sich ein Quell ergießt.

Erst, wenn das Feuer hungrig ist,
vertont es seine Hymnen
und wird zum Waldbrand-Terrorist.

Zündet es eine Kerze an,
sind seine Songs ganz leise,
so, dass man sie kaum hören kann.

Der Erde sind die Harmonien
wichtig beim Komponieren
der mächt'gen Beben-Symphonien.

Eine Kantate sie gerne spielt,
lässt sie Steine bergab tanzen,
als ob die Welt sie unterhielt.

So manche Tonfolgen entstehn,
wenn sich Elemente finden;
werden meist dennoch übersehn.

Herrliche Arien singt der Wind,
heult er um der Berge Grate
im kahlen Felsen-Labyrinth.

Schneelawinen singen Chansons
stürzen sich jauchzend talwärts
als Erd- und Wasser-Liaisons.

Drei Elemente sich vereinen
beim Sprechgesang der Eruption:
Luft, Erde, Feuer will ich meinen.

Der Beispiel' gäbe es noch viele.
Doch nur, die wachen Herzens sind
vernehmen der Elemente Spiele
von Wasser, Erde, Feuer, Wind.

Frieden der Nacht

Die Dämmerung schon in die Nacht übergeht.
Der Wind nur als laues Lüftchen noch weht.
Die Vögel begeben sich jetzt zur Ruh'.
Nur die Eule macht die Augen auf statt zu.

Der Mond beginnt hell strahlend seinen Lauf.
Die Sterne blinken schon am Himmel auf.
Das Wild verschwindet schnell in Verstecken.
Nur der Hamster lässt sich vom Dunkeln
wecken.

Der Wald erstreckt sich schlafend von fern bis
nah.
Das Feld liegt einsam und verlassen da.
Der See träumt tief und fest im Schatten drin.
Nur der Bach springt weiter lustig vor sich hin.

Ruheplätze

Träge lieg' ich unter den Eiben,
lasse die Gedanken so treiben
und den Körper mir, den bloßen,
von der Morgensonne kosen.

Gern ruhe ich auch unter Eichen,
wo Sommerwinde sanft mich streichen
und meine Ohren reich verwöhnen
von Vögeln, deren Lieder tönen.

Erholung schenken mir die Linden,
lass' meine Seele Freiheit finden
und meine Nase gern verführen
von Düften, die tief mich berühren.

In den Schlaf wiegen mich die Weiden,
lass' mich allzu gern von ihnen kleiden
und meine Haut zärtlich streicheln
von Lichterstrahlen, die mir schmeicheln.

Gedichte für Geist und Seele

Neubeginn

Den Vögeln gleich möchte ich davon fliegen.
Als eine Wolke möchte ich über den Himmel schweben.
Mein altes Leben möchte ich gern besiegen.
Ganz neu möchte ich mir meine Zukunft weben.

Der Sonne gleich möchte ich strahlend scheinen.
Als Mond möchte ich selbst die dunkelste Nacht erhellen.
Meinen alten Weg möchte ich nicht beweinen.
Als ein Stern will ich mich an den Himmel stellen.

Dem Wasser gleich möchte ich jetzt neu beginnen.
Als ein Feuer möchte ich immer Licht und Wärme
verbreiten.
Mein Vorleben möchte ich sehen verrinnen.
Das Kommende werde ich mir selbst bereiten.

Den Magiern gleich möchte ich die Zeit gestalten.
Als ein Held möchte ich den riesigen Drachen
bekämpfen.
Mein altes ICH möchte ich nicht mehr behalten.
Das junge Sein lässt sich jetzt nicht mehr dämpfen.

Dem Ritter gleich möchte ich für das Gute streiten.
Als ein Kind möchte ich die Welt mir völlig neu
anschauen.
Meine alten Fehler möchte ich ausleiten.
Die frischen Lehren werde ich gleich ausbauen.

Zerrissen zwischen zwei Gefühlen

Hin- und hergerissen zwischen zwei Gefühlen:
Berühre mich oder tu es besser nicht!
Das ist, was meine Gedanken muss aufwühlen.
Wer bringt mir in das Chaos-Dunkel Licht?

Was du denkst, ist mir bestimmt nicht recht:
Willst du die Berührung oder nicht?
Jetzt fühlen wir uns doch beide schlecht.
Wer bringt mir in das Chaos-Dunkel Licht?

Ich habe dich gern in meiner Nähe.
Umarme mich oder tu es besser nicht!
Doch beide Gefühle sind gleich zähe.
Was bringt mir in das Chaos-Dunkel Licht?

Gib mir die Chance mich zurechtzufinden!
Umarmung ja, doch gleichzeitig auch nicht!
Noch kann ich mich an keines von beiden
binden.
Was bringt mir in das Chaos-Dunkel Licht?

Einmal wird sich der feste Knoten lösen.
Dann kann ich dir und mir die Antwort geben!
Wird's sein leise oder mit laut' Getösen:
Das Licht ins Chaos-Dunkel ist das Leben!

Eingesperrt im inneren Garten

Vermoost sind schon die hohen Mauern.
Von Flechten neigen sich die Bäume tief.
Wie lange mag meine Gefangenschaft dauern?
Hörte jemand, wenn ich um Hilfe rief?

Überwuchert von Unkraut sind die Blumen,
von den Dornen erdrückt verdorrt alles Grün!
Wo finde ich die wichtigen Nahrungskrumen?
Welcher Gärtner bringt das Chaos zum blühn?

Verfilzt ist die verbleichte Wiese,
ausgelaugt scheint die einst fruchtbare Erde.
Wer sagt wie sich die Mauer überwinden ließe?
Ob ich je das Auswegtor finden werde?

Wer nimmt mich bei der Hand

Wer nimmt mich bei der Hand
und zeigt mir die blühenden Gärten des Lebens?
Wer nimmt mich bei der Hand
und löscht aus in mir das Wort „vergebens"?

Wer nimmt mich bei der Hand
und entzündet in mir ein Licht der Zuversicht?
Wer nimmt mich bei der Hand
und weist mir den Weg aus dem „Ich-bin-nicht"?

Wer nimmt mich bei der Hand
und befreit mich aus meinem inneren Kerker?
Wer nimmt mich bei der Hand
und lässt mich werden langsam stärker?

Wer nimmt mich bei der Hand
und hilft mir in eine lebenswerte Zukunft
schauen?
Wer nimmt mich bei der Hand
und hilft mir mein eigenes Leben aufbauen?

Suche Erlösung!

Suche Erlösung im Flug der Flocken.
Suche Erlösung im Klang der Glocken.
Suche Erlösung im Tanz der Blätter.
Suche Erlösung bei Regenwetter.
Suche Erlösung im Säuseln des Windes.
Suche Erlösung im Lachen des Kindes.
Suche Erlösung im Plätschern des Baches.
Suche Erlösung im Tosen des Kraches.

Suche Erlösung im Duft der Rosen.
Suche Erlösung im Aroma der Aprikosen.
Suche Erlösung im Gestank der Kloake.
Suche Erlösung im Sud der Salzlake.
Suche Erlösung im Geschmack der Beeren.
Suche Erlösung im Genuss der Ähren.
Suche Erlösung in der Schärfe des Mahls.
Suche Erlösung im Schwanzfett des Aals.

Suche Erlösung im Glanz der Sterne.
Suche Erlösung im Schein der Laterne.
Suche Erlösung im Anblick der Feder.
Suche Erlösung im Schatten der Zeder.
Suche Erlösung in Betrachtung des Bildes.
Suche Erlösung im Äsen des Wildes.
Suche Erlösung im Suchen der Klarheit.
Suche Erlösung im Finden der Wahrheit.

Das Veilchen

Ein Veilchen möcht' ich sein
und blühen am Wegesrand.
Ich wäre nie allein,
weil ich hier Freunde fand.

Stets wäre ich gekleidet
in ein grünes Blattgewand.
's gäb' niemand der's mir neidet,
dass ich so elegant.

Obwohl ich so bescheiden,
liebt jeder meinen Duft.
Mich können alle leiden,
weil ich nicht ausgebufft.

Ja, ich bin sehr empfindlich,
drückt man mich gar zu fest.
Ich wirke äußerst kindlich
und bin sehr leicht gestresst.

Trotz allem wär ich glücklich.
Mein Leben hätte Sinn.
Und sei's, dass jemand pflückt mich,
ich bliebe, wer ich bin.

Überall sehe ich dein Abbild

Deine goldene Stimme – von Freude erfüllt –
sind nur Vögel in den Wipfeln.
Deine rosa Wangen – von der Kälte gefärbt –
sind nur Blüten an den Zweigen.
Deine bunten Röcke – vom Tanzwirbel erfasst –
sind nur Blätter an den Ästen.
Deine grünen Augen – von Sternen erhellt –
sind nur Moose an den Stämmen.
Deine weißen Hände – voll Sehnsucht erhoben –
sind nur Ranken im Gebüsch.
Deine roten Haare – vom Sturmwind zerzaust –
sind nur Flechten an alten Bäumen.
Deine braunen Schuhe – in Anmut gesetzt –
sind nur Pilze an den Wurzeln.
Wann endlich sehe ich DICH wahrhaftig,
du Fee aus meinen Tagträumen?

Lebenswegreflexion

Mein Leben ist ein morscher Steg,
der niemals Beachtung fand!
Er ist die Brücke zum Waldweg,
der mich führte in Elfenland.

Das Holz war einstmals hart und fest,
doch jetzt ist es am Vergehen.
Es ist der Pfad zu meinem Nest,
den nur ich ganz allein kann sehen.

Zerstört

Du hast mir die Zukunft genommen,
hast den Weg zerstört, der klar vor mir lag!
Voller Hoffnung war ich zu dir gekommen,
war offen für wirklich jeden Vorschlag.

Du hast selbst die Pflänzchen zertreten,
hast sie zu Unkraut und Disteln erklärt!
Ich hatte dich um Hilfe gebeten,
war von Freude und Liebe genährt.

Du hast selbst die Schatten gerufen,
hast Dunkelheit über mich gelegt!
Ich fühlte mich zur Sonne berufen,
habe schon mit Lichtbesen gefegt.

Sind wir noch Menschen oder schon Tänzer?

Mit sanfter Brise streichle ich deine Haut,
spiele Flöte beim Durchqueren von Stein.
Reiten auf dem Rücken des Sturms ist mir
vertraut,
doch die Ungewissheit verschafft mir Pein:
Bin ich ein Mensch oder ein Windtänzer?

Geruch von Blüten strömt in deine Nase,
alle Sinne sind sofort ganz betört.
Auch im Gestank liegt für mich gewisse Ekstase,
trotzdem ist da etwas, was mich verstört:
Bin ich ein Mensch oder ein Dufttänzer?

Wie ein Gespinst erlebst du den Nebel.
Nieselregen benetzt sanft das Gesicht.
Gewitterwolken sind mein Faible.
Wieder steh ich mit mir vor Gericht:
Bin ich ein Mensch oder ein Wolkentänzer?

Der heiße Ofen erwärmt dich in kalter Nacht,
und die Kerze spendet zum Lesen Licht.
Ein Vulkanausbruch demonstriert meine ganze
Macht,
dennoch kenne ich die Antwort noch nicht:
Bin ich ein Mensch oder ein Feuertänzer?

Rot, grün, gelb, blau lässt leuchten deine Augen,
Pastell lädt zum Träumen geradezu ein.
Schwarz und grau scheint die Dunkelheit
anzusaugen.
Antworte mir auf mein einsames Schrein:
Bin ich ein Mensch oder ein Farbentänzer?

Erden für dich zum Wachstum gehören.
Lehm und Ton sind sehr gut zum Gestalten.
Felslawinen ganze Landschaftsbilder zerstören.
Willst du mir die Lösung vorenthalten:
Bin ich ein Mensch oder ein Sandtänzer?

Glückliche Stunden erfährst du als geschenkt.
Tage voll der Muse treiben dahin.
Selbst dunkle Momente werden von mir
ferngelenkt.
Eröffne mir meinen wahren Daseinssinn:
Bin ich ein Mensch oder ein Zeittänzer?

Ungezählte Stunden knie ich schon hier.
Mein Körper ist steif, meine Hände kalt.
Immer noch erwarte ich eine Antwort von dir,
und meine Frage ist doch schon uralt:
Sind wir noch Menschen oder schon Tänzer?

Ich schicke die Schatten aus

Ich schicke die Schatten aus,
aus der Welt mir Kunde zu bringen.
Sie ziehen nicht gern hinaus,
mussten sie sich mir doch verdingen!

Ich schicke die Schatten aus
Geheimnisse zu offenbaren.
Sie finden alles heraus,
können vor mir doch nichts bewahren!

Ich schicke die Schatten aus
meine Macht stetig zu steigern.
Sie haben Nutzen daraus,
würden sich mir niemals verweigern!

Ich schicke die Schatten aus
mein Wissen täglich zu vermehren.
Sie bringen Ruhm in mein Haus,
werden mich dafür einst verehren!

Tief in mir

Ein Ort, den sonst keiner kennt:
Tief in mir!
Ein Platz, den sonst keiner sieht:
Tief in mir!
Ein Ruf, den sonst keiner hört:
Tief in mir!
Ein Duft, den sonst keiner riecht:
Tief in mir!
Ein Hauch, den sonst keiner fühlt:
Tief in mir!
Ein Wind, den sonst keiner spürt:
Tief in mir!
Ein Pfad, den sonst keiner geht:
Tief in mir!
Ein Wert, den sonst keiner schätzt:
Tief in mir!
Ein Sein, das sonst keiner will:
Nach außen!

Abschied und Trauerschmerz

Wenn du das wirst sehen
leb' ich schon nicht mehr.
Hilf mir zu verstehen
warum dein Platz bleibt leer!

Hab' in meinem Leben
so viel durchgemacht.
Kann dir nicht vergeben,
hast nur an dich gedacht!

Gab auch schöne Stunden,
die mich füllten aus.
Ich hab' nie verwunden,
wieso du mich warfst raus!

Doch wie viele Schmerzen
musst' ich schon durchstehn!
Bleibst in meinem Herzen;
lass' dich niemals gehen!

Bin jetzt gern verschieden,
weil ich nicht mehr kann.
Wünsche dir den Frieden,
mein Geliebter und Mann!

Schwarz und Weiß

Schwarz und Weiß
Teile doch nicht alles nur so ein!
Schwarz und Weiß
Nichts hat nur eine Seite!
Schwarz und Weiß
Vermischt ergeben sie schon Grau!
Schwarz und Weiß
Sieh, die Welt hat so viele Farben!
Schwarz und Weiß
Mische auch andere mit hinein!

Perspektivwechsel

Mir wurde Macht gegeben
manch Wunder hier zu tun.
In Dienst gestellt vom Leben
darf ich jetzt nicht mehr ruhn!

Ich nehme von den Kranken
das Leiden kurz hinfort,
lass' Kraft sie schnell auftanken
am Lebensquellen-Hort.

Dann stopf' ich die Beschwerden
dem Arzt tief in den Leib,
dass sie ihm lästig werden,
so kurz auch ihr Verbleib.

Ich wart' noch ein paar Tage
damit er recht versteht,
welch' Last der Kranke trage
und er ihm hilft konkret.

Erst wenn er hat durchlitten
die Krankheit ganz und gar,
erhör' ich seine Bitten,
nimm sie ihm wunderbar.

Zurück muss ich sie geben
dem Kranken dort am Born.
Ich hoffe für sein Leben:
Sein Blick geht jetzt nach vorn.

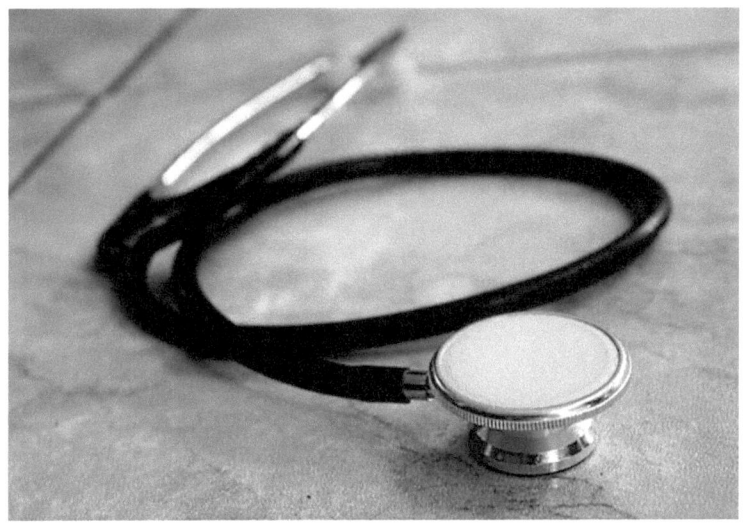

Engel haben mich erweckt

Engel haben mich berührt
kamen still und leise
Engel haben mich berührt
auf ganz besond're Weise
Engel haben mich berührt
mit schwanenweißen Schwingen
Engel haben mich berührt
durch ihr sphärisch Singen

Engel haben mich geführt
aus dem Morast der Qual
Engel haben mich geführt
durch des Leidens Tal
Engel haben mich geführt
auf dem Weg zur Wahrheit
Engel haben mich geführt
zu dem Berg der Klarheit

Engel haben mich gelehrt
was es heißt zu sehen
Engel haben mich gelehrt
meinen Weg zu gehen
Engel haben mich gelehrt
meinen Platz zu finden
Engel haben mich gelehrt
Trübsal überwinden

Engel haben mich erweckt
aus des Schlafes Schwere
Engel haben mich erweckt
aus des Lebens Leere
Engel haben mich erweckt
durch viele kleine Zeichen
Engel haben mich erweckt
durch manch' gestellte Weichen

Lebenswege

Frag' ich mich, wie oft im Leben
stand ich an einem Scheideweg;
wird's keinen Tag ohne geben,
wenn ich es mir recht überleg'.

Denke ich an all' die Stunden,
taucht das Wegekreuz vor mir auf.
Heute sag' ich unumwunden:
Die Wahl traf ich im Dauerlauf.

Oftmals gab es zu viel' Pfade,
die ich gern' gegangen wäre;
manche krumm, and're gerade,
viele leichte, einige schwere.

Hier und da fehlten Abzweige,
wo ich sie verzweifelt gebraucht;
hatte Angst, mich zu versteigen,
war am Ziel gänzlich geschlaucht.

Wenn auch führte mich im Kreise
manches kurze Straßenstück.
Ich nahm es auf meine Weise;
blickte niemals mehr zurück.

So gab es der Wege viele,
für die ich mich nie entschieden,
kam trotzdem immer zum Ziele
und fand den inneren Frieden.

Gedankenschmetterling

Es lebt in manchem Hirne
ein flatterhaftes Ding,
berührt sanft Dichters Stirne:
der Gedankenschmetterling.

Glaubt ja nicht, er sei ständig
und bei jedem gleich aktiv!
Nein, er wird nur lebendig,
wenn Euterpe[1] sanft ihn rief.

Meist hockt der kleine Falter
in einem Eck versteckt.
Springt auf der Federhalter,
wird er gleich aufgeweckt.

Er zappelt ungeduldig
mit kunterbunten Flügeln.
Er will, dass man dem huldigt,
was er wird jetzt ausklügeln.

Schon tanzt der Stift in der Hand,
setzt Wort für Wort auf's Papier.
Es gibt noch keinen, der widerstand,
dem kleinen Zaubertier.

---

[1] Muse der lyrischen Dichtkunst

Erst, wenn der letzte Punkt gesetzt,
hört das Geflatter auf.
Der Dichter blickt ganz abgehetzt,
auf seinen Ideenlauf.

Kaum hat er seinen Text erfasst,
bricht er in Jubel aus.
Was eben ihm noch schien Ballast,
bringt morgen ihm Applaus.

Halte stets ihn in Ehren
und achte ihn nicht gering,
so wird er immer währen:
dein Gedankenschmetterling.

Der Schrank der Leben

Ganz tief verborgen in mir drin
befindet sich ein Schrank.
Er birgt die Kleidung, die ich trug,
seit ich erschaffen ward.

Käm' ich nur an den Schlüssel ran,
der ihn mir öffnen würde!
Wo hab' ich ihn nur hingelegt,
nachdem der Schrank verschlossen?

Seit Tagen denk' ich nur daran,
ob ich ihn nicht verloren.
Dann sag' ich mir: Das kann nicht sein;
hab' ihn nur gut verborgen.

So werd' ich ihn wohl suchen müssen
in meinem inneren Land.
Kann ich dabei auf Hilfe hoffen,
von wohlgesinnten Wesen?

Wird auf der langen Reise mich
auch mal der Mut verlassen?
Dann denk' ich an den großen Schrank,
der wartet auf mich daheim.

Ich stell' mir vor, wie sich die Tür'n
ganz weit dann vor mir öffnen.
Was finde ich für Stoffe vor,
welch' Schnitte oder Muster?

Gleich striche ich mit meiner Hand
über Seide und auch Linnen.
Schon strömten sie mir entgegen,
die Düfte vergangener Leben.

Ob ich dann wohl so mutig wär',
einen Teil herauszunehmen?
Mich würde die Erinnerung
als Welle überfluten.

Was ich erlebt in all den Leben,
das sähe ich sogleich vor mir.
Ich würd' die Lehren aus den Zeiten
mitnehmen in mein Leben heut'.

Egal, was einst ich mal durchlebt,
sei es Freude oder Leid,
so würde Reichtum mir bringen,
das Wissen der Vergangenheit.

Ich könnte viele dieser Gaben
einsetzen für mein Lebensglück.
Viele Träume würden sich erfüllen,
an die ich bisher nicht gedacht.

Doch erst muss ich den Schlüssel finden,
der mir all dies erfüllen kann.
Er liegt bestimmt recht tief vergraben,
im Innern meines Selbst versteckt.

Ich irr' ohn' Kompass oder Karte,
geführt nur von der Hoffnung.
Ein Wand'rer bleib' ich wohl noch lange,
ein Sucher dort im Seelenland.

Die Türen deines Lebens

Durch wie viele Türen bist du bereits gegangen?
Wie sahen sie aus?
Erinnere dich …

Manche hast du mit Freude aufgestoßen;
andere hättest du lieber erst gar nicht geöffnet.
Einige wurden dir aufgehalten,
während du hin und wieder auch mal vor einer
verschlossenen standest.
Es gab große majestätische Tore,
aber auch winzig kleine Pforten auf deinem Weg.
Das ein oder andere Mal standest du vor der Wahl
welche Tür dich deinem Ziel näher bringt.
Es gab bunte und einfarbige,
schwere und leichte Zugänge.
Neue und alte lockten dich,
ihr Geheimnis zu ergründen.
Hinter wenige konntest du nur einen Blick erhaschen,
bevor sie zurück ins Schloss fielen.
Hier und da erblicktest du
durch eine Gartenpforte das Paradies.
So manche unscheinbare Tür ließ dich erstaunen,
ob des Raumes, den sie verbarg.
Auch die mit Eisen beschlagene Zellentür kennst du.
Ihren schweren Riegel zurückzuschieben war nie leicht.
Es gab und wird noch unzählige Türen in deinem äußeren
und inneren Leben geben.
Aber immer bist du selbst es, der entscheidet, was du mit
ihnen anfängst: den „Türen deines Lebens".

Das Haus des Lebens

Tritt ein, tritt ein ins Haus des Lebens!
Geh nur mit Mut den Flur entlang!
Kein Schritt von dir sei je vergebens,
folgst du den Windungen im Gang.

Sieh hin, sieh hin: Welche Türenflut!
Betrachte jede dir ausgiebig!
Zur Auswahl brauchst du manchmal Mut;
doch niemals ist sie nur beliebig.

Nimm ihn, nimm ihn, den schweren
Schlüsselbund!
Wähl' aus der Öffner großer Menge!
Den einz'gen Schlüssel, der sich dreht rund,
schieb' in das Schloss das sehr enge!

Nutz' sie, nutz' sie, die vielen Chancen!
Sieh nach, was hinter jeder Tür!
Manch' Unterschied liegt in Nuancen,
für die bekommst du ein Gespür.

Mach' auf, mach' auf, die ausgewählte Pforte!
Neugierde treibe dich stets voran!
Ist auch der Raum von einer Sorte,
dass man ihn kaum betreten kann.

Hab' Mut, hab' Mut hineinzugehen!
Entscheide dich es gleich zu tun!
Nur wenn du dir es angesehen,
kann deine Seele endlich ruhn.

Das Leben

Das Leben macht so manchen Schlenker.
Es geht mal rechts, mal links daher.
Wer nur ist der große Lenker,
der mir es macht gar oft so schwer?

Auch Aufs und Abs muss ich ertragen.
Gehören sie doch auch dazu.
Ich muss mich auf die Wege wagen,
sonst finde ich doch keine Ruh'.

Mal heißt es Flüsse zu durchschwimmen,
wo keine Brücke weit und breit.
Mal muss ich einen Berg erklimmen.
Der Aufstieg kostet Kraft und Zeit.

Es gibt auch Schluchten zu durchqueren,
die tief in unser Inn'res führ'n.
Dort gilt's sich Räubern zu erwehren,
die nur wir selbst können erspür'n.

Gar manche Wüste liegt vor mir,
die jüngst noch eine Wiese war;
durchstreif' den Wald als Pionier,
verlier' den Weg, der einstmals klar.

Gerate ich auch mal ins Moor,
das wegelos und trist erscheint,
so wachs' ich über mich empor,
seh's nicht mehr an als Feind.

Ich könnt' von Wegen euch berichten,
die lang und weit mich weggeführt,
von kurzen, hellen, krummen, dichten,
die meine Seele tief berührt.

Spräch' ich von all den einzeln' Pfaden,
auf die ich schon den Fuß gesetzt,
wo ich mal leicht, mal schwer beladen
das Ziel erst sah zu guter Letzt.

So muss ich auch die Strecken nennen,
durch die ich ging in dunkler Nacht,
konnt' nirgendwo ein Licht erkennen,
das mich nach Haus' zurückgebracht.

Auch reden muss ich von den Wunden,
die mir das Leben zugefügt.
Die Wege haben mich geschunden
und ich hab' mich nur selbst gerügt.

Zum Glück gab es auch schöne Routen,
sehr eben und ganz leicht zu gehn.
Oh, wie genoss ich die Minuten,
will öfter sie in Zukunft sehn.

Das Leben macht so manchen Schlenker.
Es geht mal rechts, mal links daher.
Ich bin ja selbst der große Lenker,
der mir es macht gar oft so schwer.

Lass' deinen Gedanken freien Lauf

Lass' deinen Gedanken freien Lauf!
Blockiere dich nicht ständig!
Sonst nimmst du Unwohlsein in Kauf
und fühlst dich nicht lebendig.

Lass' deinen Gedanken freien Lauf!
Schick' sie auf eine Reise!
Du findest Anregungen zuhauf
und drehst dich nicht im Kreise.

Lass' deinen Gedanken freien Lauf!
Entdecke neue Welten!
Gib niemals deine Sehnsucht auf!
Lass' keine Grenzen gelten!

Lass' deinen Gedanken freien Lauf!
Vergiss heut' alle Sorgen!
Dein Weg führt dich zum Gipfel rauf,
zum Sonnenschein am Morgen.

Lass' deinen Gedanken freien Lauf!
Stürz' dich ins Abenteuer!
Erfreue dich am Dauerlauf!
Spring' tief ins Wortgefeuer!

Du gabst mir Perspektiven

Wie oft im Leben wünschte ich
mich fort von allen Plagen.
Ich fand es gar zu fürchterlich
mein Schicksal zu ertragen.

Doch wenn ich meint': Es geht nicht mehr!
Da warst du stets zur Stelle.
Du sagtest Worte, folgenschwer,
und führtest mich zur Schwelle.

Du zeigtest mir der Türen viel',
die ich nie wahrgenommen.
Schon hatte ich ein neues Ziel
vom Leben selbst bekommen.

Du rietest mir: Geh langsam vor
und wähle mit Bedacht!
Nicht jede Öffnung ist ein Tor,
das dich zufrieden macht.

So sah ich mir die Rahmen an,
betrachtete die Klinken.
Erst als Vertrauen ich gewann,
ließ ich die Hand drauf sinken.

Als sich die Türe aufgetan,
verschwanden alle Sorgen.
Ich schritt gar schnell und leicht voran
und dachte nicht an Morgen.

Doch viel zu oft vergaß ich bald,
bei meines Lebens ringen,
die Türen, die mir gaben Halt
und ließen mein Herz singen.

Und dann kamst du und hieltest mir
den Spiegel vors Gesicht.
Du klapptest auf mein Schutzvisier
und führtest mich ins Licht.

Bin ich stark?

Stark war ich zig Jahre nicht!
Schwäche lähmte Geist und Glieder,
Krankheit trübte meine Sicht,
raubte Kraft und zwang mich nieder.

Manchmal glaubt' den Kampf verloren
ich in Zeiten blut'gen Krieges,
wusste nicht, dass ich geschworen:
stets zu streiten um des Sieges!

Nahm die Bestie auch zum Leben
Stück um Stück die Nahrung mir,
niemals hab' ich mich ergeben,
zog gar tapfer mein Rapier.

Tief in mir liegt eine Quelle,
die mir Mut und Kraft verleiht.
Übertrete ich die Schwelle,
bin ich auch zum Tjost bereit.

Ja, es gab auch Friedenszeiten,
wo das Raubtier zahm erschien,
sah nur seinen Schatten gleiten
tief im Wald der Medizin.

Waffenruhe hielt nie lange,
weil das Untier listig war,
schlich sich an wie eine Schlange,
quetschte meinen Körper gar.

Achtunddreißig lange Jahre
messen wir uns beide schon;
hoffe nun, dass ich erfahre,
meiner Kämpfe Siegeslohn.

Wieder einmal hilft mir Streiten
ein in Glut gehärtet' Schwert.
Werd' ich finden wohl beizeiten,
was mir bisher ward verwehrt?

Stark bin ich noch immer nicht!
Steifheit lähmt nun meine Glieder.
Sehe ich im Tunnel Licht?
Finde and're Stärken wieder!

Lebensfarben

Wenn alle Farben heut' verschwänden,
wär' es dann dunkel um uns her?
Würd' auch unser Dasein enden;
gäbe es gar kein Leben mehr?

Was wär' die Welt ein öder Ort,
ganz unbewohnt und völlig still.
Ist alles Bunte einmal fort,
zeigt sich, was der Machtmensch will?

Ob grün, ob braun ist ihm nicht wichtig.
Nur Gier und Geld ihn interessiert.
Doch die Natur macht alles richtig,
weil sie dagegen protestiert!

Obwohl die Fichten braun sich färben,
weil Politik zu langsam denkt,
Tier- und Pflanzenarten sterben,
die Natur uns bunte Fülle schenkt.

Wenn wir wollen, kehr'n die Farben
und auch das Leben schnell zurück.
Oh, natürlich bleiben Narben,
doch die verschwinden Stück für Stück.

Warten wir nicht auf die Andern!
Fangen wir noch heute an!
Säen wir Blumen aus beim Wandern!
Jeder tue was er kann!

Lasst uns wieder wirklich sehen,
welche Wunder uns umgeben!
Spürt die Maler auferstehen,
die in uns'rem Innern leben!

Aller Sonne, Du!

Sei wie die Schwalbe,
frei und doch gebunden.
Sei jedermanns Salbe,
Trost in schweren Stunden.

Sei wie die Sonne,
strahlend und hell.
Sei jedermanns Wonne,
immer zur Stell.

Sei wie der Tau,
erquickend und kühl,
doch zeige als Frau
stets Mitgefühl.

Sei wie die Blume
berauschend und schön.
Steige im Ruhme
auf zu herrlichen Höhn.

Sei wie der Wald
geheimnisumwittert,
doch niemals kalt
und schwer verbittert.

Sei wie ein Buch,
stets offen und ehrlich.
Verdecke mit Tuch,
was an dir gefährlich.

Sei mutig und stark!

Schreiben heißt mit Worten malen,
wenn's auch keine Reime sind.
Hülle ein in Farben Zahlen!
Fühle dich mal heut' als Kind!

Lass' die Ruhe in dir tanzen!
Reise singend durch den Tag!
Schüttel ab den Einheitsranzen,
der dir Schwung zu nehmen mag!

Spreng' die Fesseln deines Lebens!
Zieh' aus Schwäche deine Kraft!
Freiheit ist doch nie vergebens,
wenn du sie mit Stärk' geschafft!

Resignation eines Hobby-Schriftstellers

Was wird von mir noch bleiben,
wenn ich mich leg' zur Ruh'?
Was nützt mir all mein Schreiben,
wenn's niemand kennt als du?

Warum hab' all die Jahre
ich mich so angestrengt?
Wem hilft's, dass er erfahre,
wie Worte ich verschränkt?

Wer wird die Sätze lesen,
die Kind-Ersatz mir sind?
Wen lässt mein Werk genesen,
bevor es ganz verschwindt?

War denn mein ganzes Streben
am Ende für nichts gut?
So sage ich dann eben:
Ich schrieb aus Übermut!

Der Ort tief in mir

Tief in mir drin gibt es einen Ort der Schönheit.
Tief in mir drin gibt es einen Ort der Weite.
Tief in mir drin gibt es einen Ort der Stille.
Tief in mir drin gibt es einen Ort der Schöpfung.
Tief in mir drin gibt es einen Ort der Freude.
Tief in mir drin gibt es einen Ort der Freiheit.
Tief in mir drin gibt es einen Ort der Sehnsucht.
Tief in mir drin gibt es einen Ort der Ruhe.
Tief in mir drin gibt es einen Ort des Wissens.
Tief in mir drin gibt es einen Ort der Weisheit.
Tief in mir drin gibt es einen Ort des Friedens.
Tief in mir drin gibt es einen Ort des Einsseins.

Tief in mir drin bin ich einfach nur ich.

Gedichte nach bekannten Melodien

Halleluja[2]

Ich lebte in der Einsamkeit,
sah selten Licht, noch kannte ich Zeit.
Mein Dasein war ganz ohne Zweck und Sinn.

Es gab nur mich alleine hier,
vermisste niemand, auch nicht das „Wir".
Nie formte mein Mund das Wort der Freude.

Halleluja, Halleluja
Halleluja, Halleluja

Doch dann sah ich ein strahlend Licht,
sprach mir in mein Ohr: „Fürchte dich nicht!
Heut' bringe ich dir die größte Freude.

Dein Leben wird sich ändern nun.
Auf! Auf! Es gibt ja so viel zu tun!
Deinen Daseinszweck ich dir offenbar'."

Halleluja, Halleluja
Halleluja, Halleluja

---

[2] Meine neue Version des „Halleluja" frei nach Leonard Cohen.

Ich raffte mich nur zögernd auf,
kam langsam auf die Füße hinauf.
Ich konnte nicht glauben, was es sagte.

Die Hand noch immer vorm Gesicht,
schaute auf ich zu dem blendend' Licht.
Zu unwirklich schien mir diese Stimme.

Halleluja, Halleluja
Halleluja, Halleluja

Da nahm mich jemand an der Hand,
half mir durchqueren die Kerkerwand.
Beherzt und tatkräftig war diese Stimme!

„Was zweifelst du an deinem Weg?
Bin dir ein Freund auf schwankendem Steg.
Dein Glaube muss noch viel fester werden!"

Halleluja, Halleluja
Halleluja, Halleluja

Sie hielt ein, was sie mir versprach,
gab auch keiner meiner Launen nach.
Noch heute ist sie an meiner Seite.

Jetzt wollt ihr wissen, wer sie ist,
die niemals ihre Pflicht vergisst.
Sie ist der Engel, mir zum Schutz gegeben.

Halleluja, Halleluja
Halleluja, Halleluja

So hoffe ich ganz fest für dich,
auch deine Probleme lösen sich.
Denk' an den Helfer, für den nichts unmöglich.

Vertraue ihm dein Leben an,
damit er überhaupt handeln kann.
Blockiere ihn nicht durch deinen Eigensinn.

Halleluja, Halleluja
Halleluja, Halleluja

Komm zurück![3]

Fort gingst du nach unserm Kampf,
dessen Sieg trugst du davon.
Als Feind blieb ich zurück verkrampft,
als mein Blut im Gras geronn'.

Komm zurück ins Heimat-Tal!
Komm zurück, du hast die Wahl.
Vergeben ist, was du getan.
Drum fang' ein neues Leben an!

Unsinnig war unser Streit,
ging es nur um Pferd' und Land.
Viele Wunden heilt die Zeit,
drum reich' ich dir meine Hand.

Komm zurück ins Heimat-Tal! ...

Sehr schnell wuchs meine Lieb'
mit dem Schließen der Wunden.
Es wurde Zeit, dass ich dir schrieb:
Nur du lässt mich gesunden!

Komm zurück ins Heimat-Tal! ... (2 x)

---

[3] Meine neue Version auf die Melodie von „Mo Ghile Mear".

Unsichtbare Gegner[4]

Wir brachen auf am Morgen,
wie jeden and'ren Morgen;
zwölf Wochen lang waren wir
nur unterwegs.
Wir saßen viel im Sattel,
kamen rum im ganzen Lande.
Was brachte es uns allen, denn
wir erreichten nie das Ziel?

Wir querten weite Ebnen,
sahn Berge und auch Seen.
Die Landschaft stets im Wechsel
begriffen war.
Die Tage schnell verstrichen,
der Rhythmus blieb der selbe.
Gib mir Antwort auf die Frage:
Was trieb uns weiter an?

---

[4] Meine neue Version auf die Melodie von „Lady in Black"

Wir lagerten am Abend,
wie jeden and'ren Abend.
Ruinen verwehrten uns den
Schutz für`s müde Haupt.
Dann erfolgte der Angriff
von unsichtbaren Gegnern.
Warum nur diese Reise,
die keinen Sinn ergab?

Wir kämpften unerbittlich
jeden Abend stets auf`s Neu'.
Unsre Gegner starben von
uns ungesehn.
Wir trugen viele Wunden
von ihren Schwertern davon.
Lass' mich jetzt endlich wissen,
wofür unser Blut dort floss!

Wir schliefen dann die Nacht durch,
ohne Schmerzen jede Nacht durch;
uns're Begleiter nutzten dafür
Magie.
Der eine war ein Heiler,
der zweite hieß uns einschlafen.
Wem nützten all die Schlachten,
deren Sieg uns war gewiss?

Wir nahmen keine Wunden
mit in den neuen Morgen.
Kein Wort fiel über den Kampf
von letzter Nacht.
Mein Gefährte der Ritter
war für meine Fragen taub.
Ich fragte mich des Öftern:
Was sollte dieses Spiel?

Heut' weiß ich wer der Führer,
der Heiler und der Kämpfer,
ja, was der Traum mir durch
Bilder offenbart.
Der Ablauf meiner Krankheit
ist, was er mir aufzeigte.
So war bisher meine Dasein
ein sich wiederholender Kampf.

Was im Leben so geschieht

Vor dem Aufstehen

Mit Vogelgezwitscher werde ich morgens geweckt.
Und kaum habe ich alle meine Glieder gestreckt,
vernehme ich das Spiel des Windes in den Bäumen.
Ach, wie gerne würde ich noch was träumen!

Mit schönen Sonnenaufgängen werde ich belohnt.
Noch hat mich der Wecker mit seinem Klingeln
verschont.
So genieße ich des morgendlichen Läutens Klang.
Die Nacht war mal wieder eher zu kurz als zu lang!

Zum Fenster herein weht schon die frische Morgenluft.
Aus der Küche lockt mich Brötchen- und Kaffeeduft,
der sich mit dem Geruch von Veilchen und Rosen
mischt.
Nein, aufstehen will ich trotzdem noch immer nicht!

Die Überfahrt

Die Fähre *Lotte* liegt am Kai –
ein Schiff von beinah' dreißig Jahren.
Der Fährmann ruft die Leut` herbei:
„Wer möchte mit hinüber fahren?"

Da steigt zunächst die Trin an Bord,
die Magd vom Bauern Rübekuchen.
Sie möchte heute früh schon fort,
um die Messe zu besuchen.

Es folgt die Frau vom Ortsvorsteher,
an der Hand den kleinen Peter.
Er ist wohl kein Frühaufsteher,
drum macht er gar laut Gezeter.

Dann kommt die dicke Hanna dran
mit einer großen Reisetasche,
die sie allein kaum tragen kann;
heraus lugt eine Schaumweinflasche.

Schließlich springen noch drei Jungen
auf der winz'gen Fähre Planken.
Kaum ist ihnen dies gelungen,
beginnt das Schiff auch schon zu schwanken.

Voller Panik klammern Hände
sich an dem armen Fährmann fest.
Dessen Blicke sprechen Bände.
Er wirkt ansonsten nicht gestresst.

Schnell fängt er ab das schlimmste Schwanken,
beruhigt die Frauen und das Kind,
er weist die Rüpel in die Schranken
und dreht die Fähre in den Wind.

Kaum sind sie in des Flusses Mitte,
da gibt es einen lauten Knall.
Die Trin schreit auf nach einem „Tritte",
der Peter durch den nassen Schwall.

Frau Hanna und des Peters Mutter,
die fühlen sich recht klebrig an.
Schon schreit der Fährmann Herbert Sutter:
„Ihr Pack, gleich seid ihr selber dran!"

Noch lachen laut die frechen Knaben,
nachdem sie Hannas Sekt verspritzt.
Nicht lange soll'n sie Freude haben.
Die Frauen sind auch sehr gewitzt.

Bevor das Schiff am Kai anlegt,
springen alle Frauen auf.
Da sie sich zugleich bewegt,
bäumt sich die *Lotte* hinten auf.

So geschieht es, dass die drei Knaben
ihren Halt ganz schnell verloren.
Dass den Fluss geschmeckt sie haben,
haben sie selbst heraufbeschworen.

Schiffsliebe

Zwei Schiffe liegen heut' im Hafen –
dicht schmiegen sie sich Wand an Wand –
Können vor Aufregung nicht schlafen,
denn sie verbindet der Liebe Band.

Das eine heißt Marie-Therese,
das andre Maria-Doria.
Zusammen bracht' sie ein Chinese,
der kaufte sie in Florida.

Marie-Therese lag an Land
und rostete so vor sich hin.
Maria-Doria am Strand
verlor gar ihren Lebenssinn.

Er brachte beide in die Werft,
um sie ganz zu überholen.
Es hat die beiden sehr genervt,
dass er ihre Ruh' gestohlen.

Doch als die Schiffe sich gesehen,
wie hübsch sie bald im Wasser lagen,
war es um sie sogleich geschehen.
Sie wollten's miteinander wagen.

Von Stunde an, da schwammen sie
nur noch gemeinsam übers Meer.
An Trennung denken sie gar nie,
dafür lieben sie sich zu sehr.

Deine Hände

Deine Hände so zärtlich,
Deine Hände so sanft,
Deine Hände so weich,
Deine Hände waren immer unverkrampft.
Deine Hände so ehrlich,
Deine Hände so vertraut,
Deine Hände so stark,
Deine Hände haben mir Brücken gebaut.
Deine Hände so faltig,
Deine Hände so schwach,
Deine Hände so alt,
Deine Hände halten Vergang'nes wach.

Mutters volles Leben

Vom Morgen bis zum Abend
hat Mutter viel zu tun.
So denken sich die Kinder:
Sie braucht nie auszuruh'n.

Sie wirbelt durch die Wohnung,
auf Sauberkeit bedacht,
versorgt die kleinen Kinder
bei Tag und in der Nacht.

Dann ist da noch die Wäsche,
die sich im Keller häuft,
weil sie nicht von alleine
in die Maschine läuft.

Ist endlich sie dann sauber,
muss auf die Leine sie.
Der Wind kann sie zwar trocknen,
doch bügeln will er nie.

Schon schreien alle Kinder,
dass sie der Hunger plagt.
Schnell muss Mutter kochen.
Einkaufen wird vertagt!

Das Hündchen braucht noch Pflege
und Gassi muss es gehen.
Der Garten will bald täglich
die Hand des Gärtners sehen.

Wenn dann am Wochenende
der Vater ist Zuhaus',
will er nur seine Ruhe
oder geht allein aus.

Da Mutter immer schuftet
ist alles so perfekt,
doch weder Mann noch Kinder
sehn, wie die Frau sich reckt.

Als irgendwann die Kinder
gehn aus dem Elternhaus,
glaubt Mutter voller Freude:
Jetzt spanne ich mal aus!

Doch da wird ihr der Gatte,
der Rentner ist, sehr krank.
Schon schiebt sie ihre Muße
gleich auf die lange Bank.

Selbst für die „lieben" Enkel
ist sie als Oma da,
spielt Taxi und auch Köchin -
und das bald zwanzig Jahr'.

Ja, Mutter ist die Beste,
denn sie ist stets bereit.
Sie hat für alle and'ren,
doch nie für sich mal Zeit.

Noch ist sie halbwegs rüstig,
die Oma-Mutter-Frau.
Sagt nie: Es ist zu viel mir!
Und macht auch niemals blau.

Was wird nur aus den Lieben,
wenn Mutter nicht mehr kann?
Wer kümmert sich um alles,
klotzt wie die Mutter rann?

Die Schriftstellerin

Es lebte einst `ne Schreiberin,
deren Feder nur so hüpfte.
Sie war `ne Worte-Treiberin.
Die Sätze sie geschickt verknüpfte.

Ob Kurzgeschichte, ob Roman,
ob Gedicht, ob Text vom Lied:
Sie schrieb sie alle meist spontan,
wie das Leben halt geschieht.

Jeden Tag sah man sie sitzen
mit Blatt und Feder in der Hand.
Mocht' sie frieren oder schwitzen,
es zog sie rein ins Schreiber-Land.

Sie bewegte sich in Welten,
die vor Leben nur so sprühen,
in denen Gesetze gelten,
die um Ausgleich sich bemühen.

Charaktere schuf sie viele,
welche alle wohl durchdacht;
lenkte Helden zu dem Ziele
durch hellen Tag und finst're Nacht.

Hatt' Geschichten sie erfunden,
mussten sie auch lehrreich sein.
In den Jahren, Tagen, Stunden
wirkt' ihr Geist meist von allein.

Irgendwann, da herrschte Leere
in dem Kopf, der viel erdacht.
Eine geistige Barriere
hatt' sich in ihr breitgemacht.

Es war genug für dieses Leben,
das Freud' und Leid ihr oft beschert'.
Kein Satz ließ sich von ihr noch weben.
Sie fühlte sich ganz ausgezehrt.

Die Feder legt' sie aus der Hand,
denn alle Worte war'n geschrieben,
und reiste in der Sel'gen Land.
Dort ist für immer sie geblieben.

Das alte Buch

Ich hab' einst ein Buch gefunden,
ganz abgeschabt sein Lederband.
Es begleitet' mich zig Stunden,
in denen ich zur Ruhe fand.

Ich habe oft den Text gelesen,
kenne auswendig ihn schon.
Trotzdem ist es mir gewesen,
als sei versteckt der Mühen Lohn.

Ich hab' die Seiten aufgeschlagen,
achtsam, denn dünn ist das Papier.
Noch vermag ich nicht zu sagen:
Welch' Botschaft verbirgt sich hier?

Ich hab' die Worte oft gewendet,
wie man es stets mit Heu getan.
Hab' ich meine Zeit verschwendet?
Verfiel ich einem inneren Wahn?

Ich hab' die Zeilen stets verschlungen;
fast wär' ich an ihnen erstickt!
Noch ist die Lösung nicht gelungen,
in diesem wortreichen Konflikt.

Ich habe befragt gar viele Leute,
die mir als Weise war'n bekannt.
Schon glaubte sicher ich die Beute,
doch hatte ich mich stets verrannt.

Erst als ganz tief in meinem Innern
Satz, Wort und Silbe ich erwog,
konnt' ich mich endlich dran erinnern
worauf sich dieser Text bezog.

Ich hab' die Kunde wohl vernommen,
aufgesetzt vor langer Zeit.
Nun bin dahinter ich gekommen,
zum Umsetzen noch nicht bereit.

Die Wunsch-Bibliothek

Wie wünsch' ich mir den runden Turm,
in dem Rapunzel einst gesessen.
Zu Recht nennt man mich Bücherwurm,
der Hunderte schon „aufgegessen".

Ich baute dort Regale ein,
die bis zur Decke reichten.
Mein Bücherberg ist gar nicht klein,
vom Wälzer bis zum leichten.

Ich stellte meinen Lesestoff
einreihig auf die Bretter.
Noch ist es so, dass ich erhoff':
Bloß kein Bücherdonnerwetter!

Ich ordnete die Lit'ratur
nach Fach- und Sachbereichen.
Jetzt findet sich keine Struktur,
nicht mal ein Lesezeichen.

Ich nähme gleich im Sessel Platz,
sobald ich meinen Turm betreten.
Noch stapelt sich mein Leseschatz,
verdeckt selbst die Tapeten.

Ich bliebe tagelang verschollen
im Bauwerk aus der alten Mär.
Doch wer wollte mir darob grollen?
Ich täte nur, wonach ich mich verzehr'!

Die Tür als Lauscher

Vor vielen, vielen Jahren –
mein Holz war frisch und jung –
da hab' ich was erfahren
von einer Schädigung.

Ich träumt' im Sonnenlichte
von meiner Zeit als Baum,
da traten Bösewichte
durch mich in diesen Raum.

Schnell wurde ich geschlossen,
so leis' das eben ging.
Dann haben sie beschlossen
ein ganz schön übles Ding:

Ich hörte sie doch planen
den Raub von vielem Gold.
Sie wollten schnell absahnen
von einem Trunkenbold.

Noch wär' bei ihm zu holen
was ihnen stünde zu,
und notfalls mit Pistolen
bekämen sie jeden Sou.

Zu gern hätt' ich verhütet
die schlimme Übeltat.
Sosehr ich doch gebrütet,
ich wusst' mir keinen Rat.

Als Tür ist man gebunden
an Regeln mancher Art,
doch dann hab' ich gefunden,
wie aufflog der Verrat.

Ich knarrte ganz entsetzlich,
als draußen ging vorbei
ein Richter, welcher letztlich
deckt auf die Gaunerei.

Das Geheimnis des zweiten Türklopfers

In Malta ich die Geschichte vernahm,
wie der zweite Klopfer an die Haustür kam:

Einst lebte auf dieser Insel gar
eine bunt gemischte Vielvölkerschar.
Und, wie sollte es auch anders sein,
brachte auch jeder seine Sprache mit ein.
Dies' Babel zog auch den Teufel an,
den Umstand zu nutzen für den Seelenfang.
Als geistlicher Herr gab er sich aus
und klopfte um Einlass an jedem Haus.
So konnt' er manch' Seele erringen,
sie sogar bis in sein Höllenreich bringen.
Vor Angst schien die Insel benommen,
da war ihr Hilfe durch ein Kind gekommen.
„Lasst uns den Teufel doch verwirren,
dann kann er uns nicht mehr beirren!
Entscheiden fällt dem Teufel meist schwer,
deshalb muss jetzt ein zweiter Türklopfer her!"
Hat man zunächst den Vorschlag belacht,
so hat doch so mancher ihn schnell angebracht.
Als der Teufel dort wollt klopfen an,
wurde er verwirrt und verschwand alsdann.

Jetzt wisst ihr wie er wurde durchschaut,
und warum man den zweiten Klopfer eingebaut.

Gemeinsame Zukunft

„Wie stellst du dir Zukunft vor?"
„Was meinst du: meine oder deine?"
Du flüstertest mir leis´ ins Ohr:
„Haben wir denn gemeinsam keine?"

Ich sah erstaunt in dein Gesicht,
aus dem die Liebe strahlte.
„Bisher wusste ich noch nicht,
welch` Bild das Glück uns malte."

„So frage ich noch einmal nach:
Willst du es mit mir wagen;
wirst Freude und auch Ungemach
im Leben mit mir tragen?"

Fest kam das Ja aus meinem Mund,
den du dann zärtlich küsstest.
Wir schlossen uns'ren Lebensbund,
nach dem es uns gelüstet.

Was soll der Spuk?

Gespenster fliegen durch den dunklen Raum.
Bei einem kringelt sich der Betttuchsaum.
Ihre weißen Gestalten sollten wohl erschrecken,
doch bei mir können sie bloß Heiterkeit
erwecken.

Die aus Laken bestehenden Gestalten
würden zu gern' ihr Image erhalten.
Dafür allerdings sehen sie mir zu lustig aus,
mehr Grusel überläuft mich bei einer
Fledermaus.

Es fragt sich jetzt, was dieser Spuk soll.
Etwas finden die Gruselwesen toll.
Irgendein Ereignis muss die Gestalten anziehen.
Aber klar doch: Heute ist die Nacht des
Halloween!

Oh Israel

Oh Land, das keinen Frieden kennt,
zwei Brüdervölker feindlich trennt,
man heute Israel nur nennt.

Oh Erde, die voll Blut getränkt,
dir hat man niemals was geschenkt,
noch immer wirst du tief gekränkt.

Oh Wege, die viel Leid gesehn,
euch hilft kein noch so lautes Flehn.
Die Menschheit wird es nie verstehn!

Oh Mauern, längst zerfallen schon,
in euch gewandelt Gottes Sohn,
der herrschen soll vom Weltenthron.

Oh Wunder einer Winternacht,
wie selig du uns angelacht,
hast uns das Heil der Welt gebracht.

Oh liebes Kind im Krippelein,
du bist so arm und winzig klein,
willst einmal unser Retter sein.

Zerstörte Illusionen

Du maltest herrliche Wortbilder –
bunte Wiesen voller Blumen.
Wir aber betraten eine Einöde –
fahle Wüste gefüllt mit Sand.

Du erzähltest von endlosen Wäldern –
Nahrung und Wasser im Überfluss.
Wir sahen nur einzelne Palmen –
ausgetrocknete Wasserlöcher.

Du machtest uns Hoffnung auf Freiheit –
Leben ohne Unterdrückung.
Wir entkamen knapp der Gefangenschaft –
Sklavenhändler warteten auf uns.

Du sprachst von Reichtum ohne Mühe –
Königreiche für jeden von uns.
Wir schufteten bis zum Umfallen –
Steine und Körnchen sind unser Gold.

Du versprachst uns das Paradies –
fruchtbares Land bis zum Horizont.
Wir lernten die Hölle kennen –
dürre Dornensträucher gedeihen.

Du sorgtest dich angeblich um uns –
das Beste für die Gutgläubigen.
Wir haben dir blindlings vertraut –
Tod und Krankheit sind unser Lohn.

Warum hast du uns betrogen?

Über die höchsten Berge kamen wir gezogen,
getrieben von äußerster Armut im Heimatland.
Mit deinen Versprechen hast du uns betrogen.
Warum glaubten wir an sie?

Durch die endlose Steppe kamen wir gezogen,
schwach vor Entbehrungen und tödlicher
Müdigkeit.
Mit deinen Versprechen hast du uns betrogen.
Warum glaubten wir an sie?

Über das tiefe Meer kamen wir gezogen,
seekrank und durchnässt von viel zu vielen
Stürmen.
Mit deinen Versprechen hast du uns betrogen.
Warum glaubten wir an sie?

Durch die Glut der Wüste kamen wir gezogen,
vertrieben von Aberglaube und Fanatismus.
Mit deinen Versprechen hast du uns betrogen.
Warum glaubten wir an sie?

Über das ew'ge Eis kamen wir gezogen,
voller Hoffnung auf Wärme und ehrliche Liebe.
Mit deinen Versprechen hast du uns betrogen.
Warum glaubten wir an sie?

Weit weg von uns'rer Heimat sind wir gezogen,
nirgendwo werden wir je wieder verwurzelt sein.
Zum allerletzten Mal hast du uns belogen.
Wir glauben nur noch an uns!

Auf dem Weg in die Heimat

Über die flirrend heiße Steppe flogen deine Hufe –
Staubbedeckt Haare, Kleidung und Fell,
Trocken die Kehlen, in den Därmen knurrt der Hunger –
Auf dem Weg in die Heimat.

Über die ewigen Eisfelder rutschten wir gemeinsam –
Wütende Schneestürme, klirrende Kälte,
Wege und Wegmarken verloren im Weiß –
Auf dem Weg in die Heimat.

In den nebeligen Sümpfen zogen wir uns aus dem Moor
– Durchweichte Kleidung, verdorbener Proviant,
Fell und Haare voller Pflanzenteile –
Auf dem Weg in die Heimat.

Über Schlachtfelder trabten wir –
Zerstörte Dörfer, verdorrte Felder,
Blutgetränkter Boden auf verbrannter Erde –
Auf dem Weg in die Heimat.

Durch Landstriche ohne Leben quälten wir uns –
Krankmachende Luft, verseuchtes Wasser,
Verwesende Leichen am Wegesrand –
Auf dem Weg in die Heimat.

Durch aufstrebende Städte schritten wir –
Lachende Menschen, saubere Läden,
Überquellende Stände auf den Märkten –
Auf dem Weg in die Heimat.

Über taufeuchte Wiesen galoppierten wir –
Grüne Wälder, blühende Gärten,
Goldgelbe Ähren im Sommerwind –
Auf dem Weg in die Heimat.

Über den ausgetretenen Pfad flogen deine Hufe –
Jubelnde Nachbarn, grüßende Freunde,
Umschließende Arme unsrer Familie –
Endlich in der Heimat!

Märchen

Einstmals gab es noch Geschichten,
die die Alten uns erzählt.
Keiner musst' sie neu erdichten,
wurden passend ausgewählt.

An den langen Wintertagen,
wenn die Sonne früh versinkt,
haben Kinder durch ihr Fragen
sich die Märchen ausbedingt.

Mit erstaunten großen Augen
saßen still die Kleinen da;
wussten Worte aufzusaugen,
wie so manche Lexika.

Oft begannen die Geschichten
in der altbewährten Form,
taten heimlich unterrichten,
blieben meistens in der Norm.

Stand am Anfang: „Es war einmal
vor unendlich langer Zeit …",
prüfte niemand einen Zeitstrahl,
war nur zum Zuhörn bereit.

Ob König oder Bettelmann,
ob Kind, Mann oder Frau
jeder ein Märchenheld sein kann,
dass weiß man ganz genau.

Auch Bösewichte muss es geben,
damit die Mären spannend sind.
Am Ende sie nicht überleben,
weil sie dem Held nie wohlgesinnt.

Prüfungen muss er bestehen,
immer dreie an der Zahl.
Mag er sich wenden und drehen
ihm bleibt niemals eine Wahl.

Kurz, bevor die Mär beendet,
bekommt der Held den Lohn.
Meistens hat er Leid gewendet,
und ihm winkt die „Siegeskron".

Zum Schluss erklingt der schöne Satz:
„Und wenn sie nicht gestorben …"
Damit hält er offen den Platz,
für das, was wurd' erworben.

So sahen aus die Geschichten,
die die Alten uns erzählt.
Keiner wollte drauf verzichten,
auf die Märchen, ungezählt.

Dornröschen

Ein König lud zum Feste
zwölf seiner Feen ein.
Sie sollten seine Gäste
und Kindespaten sein.

Ihm fehlte glatt ein Teller,
um sie zu speisen alle.
So wurde er zum Preller
und ging in eine Falle.

Als elf der Feen dem Kinde
gewünscht, was wohl gefällt,
trat ein mit Sturm und Winde
die Niedertracht der Welt.

Ihr Wunsch, der bracht Verderben
für die Prinzessin ein.
Sie sollte einmal sterben,
wenn sie wird fünfzehn sein.

Gemildert wurd' das Böse,
durch der Zwölften Spruch.
Sie sagte, dass sie löse
den schlimmen Todfluch.

Als Röschen wurde mündig,
traf sie der Feenfluch,
der ihr wurd' angekündigt
beim Feenfestbesuch.

Sie stach sich an der Spindel
und fiel in tiefen Schlaf,
das süße große Kindel,
das immer lieb und brav.

So schlief dann hundert Jahre,
was einst im Schloss gelebt,
von Maus bis Königspaare,
vom Zauber eingewebt.

Es wuchsen hohe Hecken
aus Rosen um das Schloss,
bis einer wurd' zum Recken,
was manchen Held verdross.

Als seine Zeit gekommen,
drang ein Prinz zu ihr ein,
die schlafend und benommen
erlöst wollt' gerne sein.

Sein Kuss erweckt Dornröschen
und alle andern auch.
Man überspielt' sein Blößchen,
wie es war damals Brauch.

Es folgt das Hochzeitsfeste,
wo glücklich tanzt das Paar.
Das freut nicht nur die Gäste,
und das ist bestimmt wahr.

Märchenheld

Ich wäre gern ein Held im Märchen,
denn ich weiß: Es geht gut aus.
Jedes sich dort liebend' Pärchen
find't zusammen und nach Haus.

Manchmal müsst' ich Kissen schütteln,
bis sie ganz von Daunen leer,
manchmal müsst am Baum ich rütteln,
weil die Äpfel reif und schwer.

Ich dürfte manches Fräulein küssen,
das geschlafen oder tot.
Brote täte ich retten müssen,
wäre der Ofen in der Not.

Nach drei schweren Rätselfragen,
die man nur dem Weisen stellt,
könnte ich die Antwort sagen,
wäre schnell ein Superheld.

Ich hätt' Jahre nicht gesprochen,
aus Brennnesseln Hemden gewebt
und die Hände mir zerstochen
für meine Brüder nur gelebt.

Einmal würd' im Wald verirren
ich mich mit dem Schwesterlein,
würde dann die Hex' verwirren
mit 'nem Hühnerknöchelein.

Auch als Winzling wär' ich mächtig,
sähe aus 'ner andern Sicht,
dass selbst Kleinigkeiten prächtig
und besitzen ihr Gewicht.

Aus dem Turm würd' ich entweichen,
der lange mein Gefängnis war,
dürfte die Hand dem Prinzen reichen,
der sähe alles wieder klar.

Es gäbe wohl noch viele Taten,
die auf meiner Liste stehn,
kann mein Handeln kaum erwarten,
möchte sie sofort angehn.

Oh, du kahler Westerwald!

Der Westerwald war im ganzen Land
für seine Fichtenwälder bekannt.
Riesige Flächen bedeckten zuhauf
die Täler bis zu den Höhen hinauf.

Als vor Jahren das Klima sich wandelt,
hat das den Fichtenwald verschandelt.
Hitze und ganz wenig Regen
sprachen dem Gedeih'n entgegen.

Wenn lange dursten muss ein Nadelbaum,
verliert er seinen Lebensraum.
Gelb färbten sich die ersten Nadeln,
die sonst DEN Weihnachtsbaume adeln.

Er starb allmählich, Ast um Ast,
und warf hinab die Nadellast.
Hinzu kam noch ein Schädling, klein,
der nistet' sich gleich mehrfach ein.

Borkenkäfer wird er genannt;
ist selbst den Kindern wohl bekannt.
Er legte Eier ins kranke Holz
und war auf seinen Nachwuchs stolz.

So brachten Larven und Trockenheit
die Fichten schnell in die „Ewigkeit".
Auf großen Flächen starb der Wald,
der vielen Tieren Aufenthalt.

Wo einstmals standen stolze Fichten,
kann heut' man kahle Flächen sichten.
Oh, du lichter Westerwald,
durch dich pfeift der Wind ohn' Halt!

Mundartbegriffe raten

Mit Mundart kann ich nicht beglücken,
weil meine Ahnen nicht von hier.
Konnt' da und dort ein Wort mir pflücken,
dass ich ins Hochdeutsch überführ'.

Wollen wir beginnen mit Begriffen,
die mir geläufig, seit ich Kind.
Schreibhürden gilt es zu umschiffen,
weil manche Laute schwierig sind.

Ein Pleitchen kein kleiner Ruin ist.
Es ist ein Küchengegenstand,
der, wenn er weg ist, wird vermisst
weil in der Schublad' er verschwand.

Das Schabellchen ist kein Tier,
das, schneckenähnlich, was abschabt.
Es hat der kurzen Beine vier,
ist dennoch nie herumgetrabt.

Der Ohs hingegen steht im Stall,
bewegt sich und schreit „muh".
Meist ist er kräftig und recht prall.
Er ist der Bruder einer Kuh.

Die Holegäns können nicht schwimmen,
obwohl sie gerne am Wasser stehn.
Beim Fliegen tönen ihre Stimmen,
so kann man sie erst hör'n, dann sehn.

Ich steig're nun den Schweregrad
mit Bezeichnungen von Orten.
Fünfe hab' ich g'rad' parat,
in Mundart siehst du sie in Worten.

Auf keiner Karte wirst du finden,
den Ort, den gleich ich dir nenne.
Vielleicht wird er auch bald verschwinden,
den ich als Heererbach gut kenne.

Sie hat der Dörfer, ganze vier:
Breeren, Owerheed, Witschert, Deesen
nennen sie sich noch heute hier,
sind stets die Heererbach gewesen.

Wie gefiel dir dieses Spiel?
Kennst du ähnliche Ausdrücke?
Errietest du der Worte viel?
War dir Hilfe manche „Brücke"?

Auflösungen:	Pleitchen =	Küchenmesser
	Schabellchen =	Fußhocker
	Ohs =	Ochse
	Holegäns =	Kraniche
	Heererbach =	Haiderbach
	Breeren =	Breitenau
	Owerheed =	Oberhaid
	Witschert =	Wittgert
	Deesen =	Deesen

Der Engel auf dem Stein

Ein Engel sitzt auf einem Stein,
blickt in den klaren Abendhimmel.
Er wünscht, es möge immer sein
Stille ohne Menschengebimmel.

Zum offenen Meer schweift sein Blick,
verliert sich fast in der Ferne,
denkt nach über der Menschen Geschick
und betrachtet die hellen Sterne.

Unsinngedichte

Leidenschaften

Tom ist ein gewicht'ger Kater.
Die Waage zeigt der Kilo acht.
Das hat er von seinem Vater,
der hat es ihm einst vorgemacht.

Das kommt vom Sahnetortennaschen,
bei all den Gästen im Café.
Danach kann er sich kaum noch waschen,
die vielen Pfunde tun ihm weh.

„Bei Katzen", meint sein Frauchen oft,
und hebt ihr drittes Weinglas an,
„zeigt die Natur ganz unverhofft,
wie dicker Pelz gut kleiden kann."

Dann geht sie zu der Schreibmaschine,
nimmt's Tintenfass in eine Hand.
Tom sieht an der verträumten Miene,
jetzt entschwindet ihr Verstand.

Sie faselt was von vielen Wenden,
die ihr gebracht ihr Arbeitsfleiß.
Auch jetzt muss eine Phase enden,
stehn sie denn nicht am Wendekreis?

Ihr Blick fällt auf den alten Kompass,
den einst ihr Vater ihr verehrt.
Auf ihn war immer schon Verlass,
nie zeigt' die Nadel mal verkehrt.

Ab heut' ist Schluss mit allem Schlemmen,
auch mit dem Trinken hör' ich auf!
Wo Fett lässt die Gelenke klemmen,
hemmt Alkohol der Gedanken Lauf.

Worte für dieses Unsinn-Gedicht: Waage, Weinglas,
Schreibmaschine, Tintenfass, Wendekreis, Kompass,
Pfund

Fritzchens Fisimatenten

Oskar, dem Dreikäsehoch,
ein richt'ger Wonneproppen,
fällt so manches in den Schoß,
ist nimmer nicht zu stoppen!

Er hat jetzt einen Mümmelmann,
der ist ein Kuschelwuschel,
muss zeigen, was er alles kann,
der liebe kleine Hoppler.

Den Flickflack hat er fast gelernt,
macht keine Kinkerlitzchen.
Den süßen Knuffelpuffel
nennt Oskar gerne Fritzchen.

Er ist auch Oskars Kummerkasten.
Wenn zuhause Remmidemmi,
erzählt ihm Oskar seine Lasten
und flieht vorm Halligalli.

Für Fritzchen ist es Pipifax,
holt er den Glitzerflummi.
Krimskrams räumt er gerne auf,
nimmt dazu Oskars Brummi.

Wenn Fritzchens Fell ist pitschpatsch
nass, badet g'rad der Oskar.
Nein, der Hase ist kein Tollpatsch,
nur ein geübter Schwimmer!

Worte für dieses Unsinn-Gedicht: Dreikäsehoch,
pitschpatsch, Brummi, Krimskrams, Glitzerflummi,
Remmidemmi, Knuffelpuffel, Kuschelwuschel, Hoppler,
Wonneproppen, Mümmelmann

Der Regenwurm im Blumentopf

Ein Regenwurm im Blumentopf!
Wie kommt denn der nur hier herein?
Ich nehme ihn, den armen Tropf;
soll vor der Tür er glücklich sein.

In Gartenerde soll er wühlen,
dem Glück durch meinen Fund beschert.
Er kann sich ganz zuhause fühlen,
wo seine Arbeit so viel wert.

Auch ich beginne diesen Morgen
und setze meine Brille auf.
Wo hat die Feder sich verborgen?
Liegt sie noch auf der Flasche drauf?

Das Tintenfass steht noch am Platz,
wo ich es gestern hingestellt,
daneben Post vom meinem Schatz.
Die Nachricht mir so sehr gefällt!

Vor Freude nehm' ich die Gitarre
und spiele einen flotten Beat,
bei dem ich aus dem Fenster starre.
Was macht die Amsel dort im Beet?

Vor Schreck und Angst um meinen Wurm
spring ich vom Schreibtisch auf.
Der Gürtel reißt bei diesem Sturm.
Die Hose fällt beim schnellen Lauf.

So fliege ich auf meine Nase.
Der Vogel schluckt den Wurm herunter.
Das hab' ich jetzt von dem Gerase:
Das Tierchen tot und ich viel bunter!

Worte für dieses Unsinn-Gedicht: Regenwurm, Brille,
Feder, Flasche, Tintenfass, Gürtel, Blumentopf

Krankheitswahn

Ich sitz' in meinem Ohrensessel
und träum' im Mondschein vor mich hin.
Da pfeift ganz laut der Wasserkessel
in der Küche meiner Pflegerin.

Bald kommt sie mit dem Hustensaft
und einer Kanne Bronchientee.
Beides schmeckt gar zu schauderhaft,
doch auch das Husten tut mir weh.

Sobald sie aus dem Raum gegangen,
schnapp' ich mir meine Mehrwegflasche.
Hab' kaum zu trinken angefangen,
wird mir der Saft im Mund wie Asche.

Jetzt dröhnt auch noch die Bohrmaschine
von meinem Nachbarn nebenan.
Ich frag' mich, womit ich verdiene,
dass ich nicht ruhig krank sein kann.

Mein Blick wandert zurück zum Himmel,
an dem nun keine Wolke mehr.
Ich sehe nur am Sterngewimmel,
dass Raureif folgt dem hinterher.

Mir wird ganz kalt, wenn ich dran denke,
wie Eis die Landschaft überzieht.
„Spinat ist gut für die Gelenke!",
schreit zu mir rauf ein Störenfried.

Oh nein! Ich bin wohl eingeschlafen
und hatte diesen wirren Traum!
Noch liege ich im Wüstenhafen,
an einer Wanderdüne Saum.

Worte für dieses Unsinn-Gedicht: Ohrensessel, Spinat,
Hustensaft, Mehrwegflasche, Wasserkessel, Raureif,
Wanderdüne,

Brunos Rache

Frauchen übt heut' mit der Geige,
was Dackel Bruno nicht gefällt.
Herrchen ist dafür zu feige,
sonst hätte er das abgestellt.

Er geht lieber in den Garten,
wo weder Hund noch Mia stört.
Dort nimmt er sich schnell den Spaten,
gräbt um, als hätt' er nichts gehört.

Wenn Punkt halb zwölf die Wanduhr schlägt,
verstummen Musik und Gebell,
der Bruno brav im Körbchen sägt,
Frauchen kocht das Essen schnell.

Danach wird's Zeit für das Maskieren,
drum sucht sie ihren Federschmuck.
Sie will im Fastnachtszug marschieren.
Es eilt! Jetzt muss es gehn ruckzuck!

Doch leider hat der Bruno ihr
den Schmuck vor Wut zerbissen.
So hat Frauchen ihre Zier
in die Mülltonne geschmissen.

Hinterher fliegt dann sofort
der Nagellackentferner.
Erfolgreich zeigt sich Bruno dort
als Deckelöffner-Lerner.

So bleibt Frauchen doch zuhaus
und schaut den Zug im Fernsehn an.
Dafür geht jetzt ihr Gatte aus.
Er ist mit Gassigehen dran.

Worte für dieses Unsinn-Gedicht: Geige, Dackel, Spaten,
Wanduhr, Federschmuck, Mülltonne, Nagellackentferner

Frühstück im Café

Sieben alte Kaffeetanten,
die sich sieben Jahre kannten,
saßen täglich im Café.

Sieben Tage in der Woche,
an denen ihr Pfarrer kochte,
aßen Kuchen sie mit „Schnee".

Sieben Torten und auch Kuchen
mussten täglich sie versuchen.
Ihnen tat's auch gar nicht weh.

Sieben Pfund in sieben Tagen
wussten elegant zu tragen
uns're Damen vom Buffet.

Worte für dieses Unsinn-Gedicht: Café, Tanten, Pfarrer,
Schnee, Kuchen, Tage, Damen

Besondere Gedichtformen

1. Beispiel für ein Ghasel (orientalische Gedichtsform)

Erwachsen werden

Bis gestern sah ich in dir das Kind,
das Teddies küsst und Träume spinnt.
Du glaubtest an Elfen und an Feen,
sahst Drachen fliegen im Sommerwind.
Zu Zöpfen trugst du rosa Kleidchen
und warst für die Jungen um dich blind.
Nur langsam begreife ich heute,
dass and're Dinge dir wichtig sind.
Für mich bist du wie ein Rennläufer,
gleicht deine Wandlung dem letzten Sprint.
Ich muss mich wohl damit abfinden:
Deine Zeit der Pubertät beginnt.

2. Beispiel für ein Ghasel (orientalische Gedichtsform)

Schenken

Einzig an dich zu denken,
dir etwas zu schenken,
was keiner kaufen kann,
heißt Gedanken zu lenken,
besinnend auf die Kunst,
mich in dich zu versenken.

Beispiel für ein Senryu (japanische Gedichtsform)

Der Morgen zerrt mich
ins Tal der Tränen hinab.
Kein Hoffnungsschimmer!

1. Beispiel für ein Tanka (japanische Gedichtsform)

Der Morgen zerrt mich
ins Tal der Tränen hinab.
Kein Hoffnungsschimmer!

Meine Katze reibt schnurrend
den weichen Körper an mir.

2. Beispiel für ein Tanka

Ein Sommermorgen
angefüllt mit Frische und
Vogelgezwitscher.

Die Hitze des Tages droht
die Stimmen zu versengen.

Beispiel für ein Choka (japanische Gedichtsform)

Der Herbst zieht herauf
den Sommer zu entthronen.
Nebel wabern schon,
tränken die dürren Felder.
Schwalben sammeln sich.

Die Jahreszeiten wechseln
wie die Tänzer beim Reigen.

1. Beispiel für ein Haiku (japanische Gedichtsform)

Stark war ich immer,
auch wenn Schwäche mir drohte.
Was lähmte mich mehr?

2. Beispiel für ein Haiku

Die Blätter fallen.
Die Bäume werden kahler.
Der Winter kommt bald.

3. Beispiel für ein Haiku

Sehnsucht tief im Herzen.
Sonne und Meer locken mich.
Der Urlaub ist fern.

Beispiel für ein Renga (japanisches Kettengedicht)

Ein Fluss im Morgennebel,
verhüllt von Wassertropfen.
Vögel singen leis'.
Sonnenschein auf welkem Laub.
Es raschelt im Busch.
Ein Reh tritt auf die Lichtung,
müde von der letzten Nacht.

1. Beispiel für ein Rondell

Die Magie der Musik trägt mich davon.
Sie lässt mich über mich selbst hinauswachsen.
Sie versetzt mich in frohe Stimmung.
Die Magie der Musik trägt mich davon.
Sie lässt mich tanzen vor Freude.
Sie verschönert mein Dasein.
Die Magie der Musik trägt mich davon.
In ihr könnte ich mich verlieren.

2. Beispiel für ein Rondell

Die Wellen spülen Muscheln an den Strand.
Sie kommen von weit her.
Manche sind winzig klein.
Die Wellen spülen Muscheln an den Strand.
Einige werden weit hinauf gespült.
Andere bleiben am Meeressaum liegen.
Die Wellen spülen Muscheln an den Strand.
Sie kommen von weit her.

1. Beispiel für ein Akrostichon

Stichwort: **SCHREIBEN**

Stichworte finden ist nicht leicht.
Clustern hilft enorm.
Heute ergeben sie einmal Sinn.
Reime müssen es nicht unbedingt sein.
Eine Geschichte wäre auch ganz schön.
Interessantes findet sich überall.
Buch auf! Finger auf ein Wort! Und los geht's!
Ein Satz folgt dem nächsten.
Nun? War es schwer?

2. Beispiel für ein Akrostichon

Stichwort: **Sehnsucht**

Sonne im Herzen.
Eine Reise beginnen.
Hoffnung bewahren.
Nähe zulassen.
Suche niemals aufgeben.
Urlaub genießen.
Charakter formen.
Heute leben.
Träume bewahren.

1. Beispiel für eine Anapher

Landschaft: ganz wild und unbewohnt
Landschaft: sanfte Hügel im fahlen Mondlicht
Landschaft: endlose Wälder – Bäume dicht an
           dicht
Landschaft: Seen und Flüsse vom Menschen
           verschont

2. Beispiel für eine Anapher

Mönche: Mitglieder einer Ordensgemeinschaft
Mönche: vereint im nächtlichen Gebet
Mönche: Choräle hallen durch die Kirche
Mönche: leben an Orten der Kontemplation

Beispiel für ein Elfchen

Türkis.
Das Wasser
zieht mich an.
Ich möchte nur hineinspringen.
Sehnsucht!

Beispiel für einen Limerick

Unwahrheit

Es wohnte mal ein Mann in Breitenau,
der nahm es mit der Wahrheit nicht genau,
erzählte Wunderdinge von seinem Schwein.
Das musste wohl ein Wolpertinger sein.
Doch er besaß niemals eine Sau.

Depressiv

Ich bin einsam!
„Um dich pulsiert das Leben!",
sagt die Stimme.

Ich bin traurig!
„Lachen und Freude liegt in der Luft!",
sagt die Stimme.

Ich bin müde!
„Der Frühling weckt deine Lebensgeister!",
sagt die Stimme.

Ich habe Schmerzen!
„Jeder hat seinen inneren Arzt!",
sagt die Stimme.

Ich bin verzweifelt!
„Glaube versetzt Berge!",
sagt die Stimme.

Ich bin hilflos!
„Viele Hände strecken sich dir entgegen!"
sagt die Stimme.

Ich bin wertlos!
„Nur ein Gegenstand kann taxiert werden!",
sagt die Stimme.

Ich bin erstarrt!
„Die Wärme der Liebe hüllt dich ein!",
sagt die Stimme.

Ich bin gestorben!
„Ein neues Leben wird dir geschenkt!",
haucht die Stimme – und verweht.

Zeit des Wandels

Äonen vor dieser Zeitrechnung
war ich eine Sandwüste.

Mein Gewand
befand sich
in wallender Bewegung.

Unter dem fiebernden Leib
lebte der Fels,
als mein starkes Herz.

Am Anfang der Zeiten
war ich ein Magier.

Mit meiner Macht
beherrschte ich
die Elemente.

Als die Wut mich übermannte,
zerstörte ich in Sekunden,
was Jahrhunderte überdauert.

Wer ...

Wer die Farbe
eines Tages erkennt,
sieht die Welt
mit den Augen der Seele.

Wer die Stimme
der Natur versteht,
entdeckt die Wunder
mit dem Staunen eines Kindes.

Wer den Kuss
des Windes erlebt,
nutzt die Jahre
mit der Weisheit des Lebens.

Dank

Ohne Dein an mich vererbtes Talent, lieber Papa, wäre mir das Malen mit Worten niemals so leichtgefallen.

Mama, Du hast in den langen Sturmfahrten stets an meiner Seite gestanden und oft das Steuer in die Hand genommen, wenn ich es nicht mehr konnte.

Uschi, Deine „Flügelworte" gaben mir den Mut auf dem Wind weiterzusegeln, ohne die Bodenhaftung zu verlieren.

Karin, immer wieder hast Du mich mit deiner Schreibfeder gepiekt und auf Deinen privaten Lesungen mit meiner Lyrik vor die furchterregende Menge gezerrt. Auch zu der Veröffentlichung meiner hier vorliegenden Lyrik-Sammlung triebst Du mich. Sei für Deine Beharrlichkeit herzlich umarmt!

Birgit, meine schwarzen und von Feuern geprägten „Träume" wusstest Du in die unendliche Farbenpracht umzuwandeln.

Danke auch an Manfred, der die Technik zu beherrschen wusste, um das Buch in ein wahres Schmuckstück zu verwandeln.

Yvonne, Deine Ruhe, Deine Geduld und Dein Zuspruch fegten meine Wolken der Frustration hinweg.

Ich freue mich, dass ihr alle und diejenigen, welche ich hier nicht namentlich genannt habe, meinen Lebensweg gekreuzt, meine Begabung erkannt und gefördert habt.

Über die Autorin

Andrea Rohn lebt in einem kleinen Ort im Westerwald. Seit ihrer Kindheit schreibt sie Fantasie-Geschichten und Lyrik. Ihre Sensibilität half ihr bereits früh, sich in fremden Welten heimisch zu fühlen und Figuren mit Tiefgang und Wiedererkennungsfaktoren handeln zu lassen. Speziell die Lyrik wurde für sie zu einem Ventil der Verarbeitung ihrer, mit den Jahren fortschreitenden seltenen Erkrankung.
Einige ihrer Gedichte wurden in Anthologien veröffentlicht.
Sie ist Mitglied der Autorenwerkstatt „Flügelwort" und eines privaten Frauen-Schreibkreises.

Bereits erschienen:

Der 17jährige Bastard Fanai
versteht die Welt nicht mehr.
Was ist mit seinem Vater,
dem Baron Dekert von
Karelien, los?
Hängt seine Veränderung
vom brutalen Schläger zum
Familienmenschen und
gerechten Herrscher mit seinen
zwei neuen Leibwächtern zusammen?
Ist einer von beiden ein Magier?
Wie kann sich Fanai, der uneheliche Sohn einer Heilerin,
vor seinen adligen Brüdern Drutmar und Ebermut
schützen? Werden sie ihn weiterhin missbrauchen? Oder
bahnt sich auch hier eine Wende durch den
undurchsichtigen Leibwächter Sir Rabanus an? Gibt es
einen Zusammenhang zwischen jenen seltsamen
Träumen und der Prophezeiung über die Götter? Ist Fanai
etwa selbst der dort verheißene Wanderer?

Bereits erschienen:

Fanai hat es unter Einsatz seines Lebens geschafft, Dilar in den Gott des Wassers zurück zu verwandeln.

Obwohl er seinen Halbbruder Ebermut nun nicht mehr fürchten muss, stellt sein sadistischer Bruder Drutmar eine nicht zu unterschätzende Gefahr dar. Zusätzlich lockt Der Gott des Feuers Fanai in einige Fallen.

Auch seine Beziehung zu Sir Rabanus ängstigt und verwirrt Fanai weiterhin.

Soll Fanai seinen Weg zu Ende gehen und trotz aller Widrigkeiten dafür sorgen, dass auch Catandra und Adalar in die Gottheiten der Erde und des Windes zurück verwandelt werden?

In Vorbereitung:

- **„Weiches Fell mit klugem Köpfchen"**

   (Ein Lyrik-Band mit Katzengedichten)

- **„Jarens verschlungene Pfade"**

   (Ein Mittelalter- Fantasy-Roman)